中国服务　创意无限
Chinese Hospitality Unlimited Creativity

U0964443

CHINESE HOSPITALITY
FINE CASES OF CREATIVE TOURISM PROJECTS

中国服务
旅游产品创意案例

（第六季）

中国旅游协会　编著

中国旅游出版社

中国旅游协会会长段强致辞

中国旅游协会副会长张润钢主持开幕式

中国旅游协会秘书长葛磊主持大会

圆桌论坛（一）：文旅存量资产的创造性盘活

圆桌论坛（二）：古城古街旅游的再创新

圆桌论坛（三）：旅游大投资和小投资的盈利模式

大连熊洞街

无锡君来太湖饭店沉浸式实景茶歇

云上草原国际山地旅游度假区

云台山 · 云上院子

建昌古城

唐山宴

熙南里历史文化休闲街区

前言

我们再次聚首横店，共同参加第六届“中国服务”·旅游产品创新大会，杜一力副会长宣布了协会向全行业推介这些创意案例的决定。中国旅游协会已经持续六年开展“中国服务”·旅游产品创意案例征集活动，2024 年的案例与往年相比，收集上来的数量较多，有 170 多个，经过 20 多名行业知名专家的推荐和多轮筛选，并经秘书处领导带队实地考察，最终获得推介的有 7 个案例。每年全国各地旅游创新创意项目层出不穷，优秀项目不乏其中，但中国旅游协会开展的创意案例征集活动不是评优，我们只是在这些优秀项目中撷取几朵符合“中国服务”特征的小花，这些小花一定要经得住市场考验，起到引领行业、服务美好生活、促进经济发展、构筑精神家园的作用。

2024年推介的7个案例几乎都是在疫情期间开业或建设的，之后又在市场的推动下不断改造升级。是疫情后旅游业最新一代产品的表率；是旅游业进入新发展阶段形成的新趋势；是对过去几十年的思维方式、发展模式、投资方向的重大转变；是中国旅游业高质量发展的一个缩影。在2024年推介的案例中，我们还欣喜地看到了各级政府与民营企业和社会资本通力合作，让市场在资源配置中起决定性作用，将地方上的存量资产赋予旅游功能、释放经济活力。这些案例前所未有地充溢着混搭、跨界、冲撞、唯美、震撼，总之，令人耳目一新。体现出如下特点：

一、传统旅游企业转型不走寻常路，颠覆景区开发资源观，将荒山打造成“金山银山”，让旅游促进共同富裕和乡村振兴

近些年，不光是传统旅游企业在转型，更多的科技、文化、教育等企业也跨界搞起旅游。2024年推介的7个案例中开发唐山宴的唐山凯歌儿实业有限公司、大连熊洞街的大连博涛文化科技股份有限公司等都是转型投资旅游的。而传统旅游企业转型成功的不多，但安吉云上草原是国内民营旅行社成功转型的案例，应该说具有典型意义。特别值得赞赏的是，该项目坐落在浙江省湖州市安吉县余村，投资云上草原的云上文旅集团2016年受“两山”理论感召到余村地区投资，是余村实践“两山”理论的标杆企业和项目。该案例取得成功的关键，是其独特的旅游资源开发观，没有一开始就瞄准

名山大川和人文历史。如今在优秀资源不多特别是没有历史文化遗产赋能的情况下，旅游景区如何开发、怎样避免同质化，是整个行业面临的问题，而云上草原的开发经验可以带给业界启发和思考。余村赤豆洋荒山原本是一片片的毛竹林，周围村庄相对落后贫困，地方经济成为难以突破的瓶颈。云上文旅集团却看上了这里的高海拔、常年有绿、冬天有雪，地理位置处于长三角黄金区域，可以打造成极具吸引力的四季山地旅游景区，并大胆定位做年轻人山地互动产品，突出趣味性、康体性的旅游体验。2023 年云上草原景区为安吉县山川乡创造了年接待人数 220 万人次、旅游总收入超 9 亿元的经济效益，当年村民人均收入由几年前的 2 万多元增加至 6 万多元，有力促进共同富裕和乡村振兴，真正让冷资源变成了热经济。

二、深度挖掘在地文化，创新文旅商业融合模式，营造多业态新消费场景，创造性盘活存量资产

2024 年 7 个案例中唐山宴、熊洞街、云上院子，分别由闲置的商场、旧工业厂房、荒废的古村落变身到如今的文商旅综合体，他们的成功之处在于注重游客的参与度和体验度，打造主题文化的沉浸、产品体验的深化；以旅游为主导，商业消费做配套，破除传统景区收门票的做法，建立一个以消费驱动的创新型免费开放式场景。

唐山宴巧妙融合仿古建筑与现代元素，将唐山特色美食、民俗风情、文化展览、实景体验和教育研学融为一体，通过复原历史场景、实物展示、传统文化演绎等方式，集餐饮、文旅和购物三种业

态，打造了一个“餐饮＋演艺＋文创”化的新消费场景。坚持全部直营不对外招商的运营管理模式，严控产品质量与服务标准，业态不断迭代升级，将冀东文艺三枝花——皮影戏、评剧、乐亭大鼓等非遗文化元素融入消费场景，通过活态化的展示和体验，让游客深刻感受到唐山的文化底蕴。熊洞街利用大量高科技打造机械巨熊——熊北北，并结合时下最流行的元宇宙、数字孪生、虚实结合、国潮、赛博朋克等元素，将商业与主题游乐联结在一起，集巨兽巡游表演、美食娱乐、潮流艺术、科技研学、潮玩周边和夜经济于一体，成为大连人的欢乐街、年轻人的理想国、游客到大连必打卡的地方。云上院子是在一座废弃20多年的学校上建起的民宿，就地取材，废墟修复，修旧如旧，用美学设计唤醒了沉睡的山村资源，实现了从废墟到民宿的“蝶变”。云上院子目前有客房13间，推动云台山区域形成民宿产业集群，建设融乡村游、美食、购物、娱乐、住宿、探险、创客基地等为一体的国际乡村度假小镇。

三、在城市有机更新中，文化与商业、历史与现代深度融合，拓展城市空间，打破千城一面，使古城古街旅游再创新

中国历史悠久，文化灿烂，各地遗存的古城古镇古街众多。在大拆大建之后，一些幸存的古城古镇古街迎来了新一轮的城市有机更新，被重新审视、抢救、重建。但在此过程中，简单复制，“千城一面”“千镇一面”以及过度商业化，仍然是古城古镇古街改造面临的主要问题。位于四川省凉山彝族自治州的建昌古城、江苏省南京市

熙南里历史文化休闲街区，为古城古街的改造和旅游的可持续发展提供了借鉴。建昌古城始建距今已有600多年历史，是古代“南方丝绸之路”和“茶马古道”的必经之地。华采堂企业承担了建昌古城的复原建造，用28个月的时间，投入近200名设计师，重塑了一个活化的古城。古城一院一格、一地一调，在模式化的基础上追求个性化；历史文化、军营文化、当代文化、时尚文化在这里交相辉映。建昌古城的运营管理也是由华采堂企业负责，通过前瞻性的运营布局确保了建筑设计与运营策略的无缝连接。还针对不同商铺特点提前规划匹配合适的商业模式，有效避免了商业化气息过浓和连锁品牌泛滥的问题。同时，大量引进省级以上的非遗产品，如彝族漆器、银饰、唐卡博物馆、树下美术馆、蜀绣博物馆等，不仅丰富了游客的观赏和体验选择，也极大地增强了景区的文化魅力和游客的互动体验。

熙南里围绕全国重点文保单位甘熙故居分期而建，这一片区曾是明清时期南京城最繁华的商业中心。项目以传统街巷格局和建筑空间为基础，打造集戏曲表演、大师工作室、老字号、特色餐饮等于一身的历史文化休闲街区，通过历史文化 + 建筑、江南文化 + 场景体验、创新科技 + 网红 IP 的运营方式以及夜游项目，打造出独具南京文化特色的夜经济品牌。受到消费者的青睐和中央媒体的广泛关注。

四、旅游服务从粗放型走向精细化，利用场景化沉浸式体验，提升消费者艺术审美和情绪价值，感受精致的生活方式

旅游是生活，是一种审美的体验过程。近年来，为满足人民对

美好生活的向往，众多旅游企业将打造生活方式作为奋斗目标，将旅游粗放式投资和服务转向精细化。进入新时代，随着市场的变化，大项目、大投资进入瓶颈期，小而美的项目受到欢迎。2024 年我们之所以推介无锡君来太湖饭店沉浸式茶歇，就是因为太湖饭店用小小的茶歇撬动了生活之大美，让体验过的消费者回味无穷。太湖饭店是无锡首家五星级饭店，全国首批绿色饭店，接待过数百位中外国家领导人。作为一家老牌传统旅游企业，君来太湖饭店不断探索出新，他们专注于传统锡式风味的创新表达，开辟餐饮产品新赛道，并将新中式茶歇作为突破口，将无锡历史文化经典中的花道、乐道、茶道、画道、学道、商道融汇投射于茶歇这一小方天地中，让消费者在短短的茶歇中通过视、听、嗅、味、触、悟感受江南文化的精髓，提升审美情趣并引发对锡式精致生活的向往。我们也期待太湖饭店的茶歇像英式下午茶那样深入人心，并假以时日享誉世界。

旅游已日益成为新兴的战略性支柱产业和具有显著时代特征的民生产业、幸福产业，建设旅游强国成为全行业奋斗的目标，旅游强国一定要旅游企业强和旅游产品强。我们要将旅游产品创意案例征集活动持续开展下去，响应国家号召，推动旅游业高质量发展行稳致远！

中国旅游协会会长　段强

目录

开篇语：

贯通在地文化，重兴城市文脉。唐山，一座因工业而兴、因地震而涅槃的城市，曾以钢铁与煤矿闻名，却在文旅融合的时代浪潮中悄然蜕变。而正是在这座看似与文旅无缘的工业重镇，诞生了一个现象级的文旅项目——唐山宴。唐山不是一个旅游城市，也不是一个流量城市。也正因如此，唐山宴的成长更显不易。从一个闲置多年的商场，到如今年均接待游客人数超500万人次的“城市会客厅”，唐山宴用七年时间完成了一场逆势蝶变。它不仅是一座饮食文化博物馆，而且是一次对在地文化的深度挖掘和真诚致敬，以“人情味”和“烟火气”重新定义了一座工业城市的温度。唐山宴以一座城市的人文会客厅为目标，以文商旅融合发展为实践逻辑，打造成近者悦、远者来的公共属性，将唐山宴改造成为一个充满记忆纽带的空间，复苏旧时唐山的烟火生活，唤醒留住百姓、留住肌理的文化传承。唐山宴重构了游客对唐山的认知——从“地震伤痛”到“烟火温情”，从“钢铁之城”到“文化名片”，让游客重新发现这座城市的温度。

唐山宴

从“闲置商场”到“城市会客厅”：唐山宴的文旅商融合与创新实践

食一味人间烟火，品一宴热闹繁华。市井烟火，民俗百态，一步一景。唐山宴用美食讲述非遗故事，用文化诠释历史底蕴，用场景复原历史记忆，用温度传递情感共鸣。唐山宴，又名唐山饮食文化博物馆，是由唐山文旅集团和凯歌儿集团联合投资，由凯歌儿集团策划、设计、运营的重点文化旅游项目，是一座集特色餐饮、民俗传承、文化展示、休闲观光、研学实践于一体的、全国最早的文旅商综合体示范项目，也是京津冀最具人气的旅游休闲目的地。

唐山宴于2018年建成开业，建筑面积4万余平方米。唐山宴的前身是一座闲置的商场，如何把它盘活，在当时是一个极大的难题。最终凯歌儿团队决定从“吃”入手——最初的目标，也仅是“做一个有特色的餐饮，能活着就行”。谁也没有料到，它日后竟成为京津冀区域备受瞩目的旅游目的地。唐山宴以“温度”为锚点，以“创新”为引擎，重新定义了文旅商融合的价值内核——在工业城市的肌理中，长出一片有烟火、有记忆、有未来的精神原乡。

一、闲置盘活，改造新生，从工业城市到文旅新地标

唐山，这座曾以“钢铁摇篮”闻名中国的工业城市，在经历地震的创伤后涅槃，开启了从“工业摇篮”向“文化名片”的转型之路。唐山宴的诞生，正是这一转型的缩影。唐山宴的成功始于对城市文化基因的深度挖掘与创新表达，唐山的历史文化资源曾长期被工业化的浪潮所遮蔽，而唐山宴通过“在地文化＋场景消费＋存量盘活”的模式，重新激活了这座城市的记忆与活力。

文化先行打开城市记忆，创新空间重构城市未来。唐山宴聚焦存量资源的优化与再利用，赋予了闲置空间新的功能和活力，同时保留城市的历史记忆。唐山宴分为三层不同主题的展示及体验空间，一层为美食体验街区，聚拢150余种极具唐山风味的特色小吃和20余种非遗美食，以“市井烟火”为主题，还原唐山老字号档口，游客可边品尝棋子烧饼、大饹馇、小山炸糕，边观赏民俗、非遗表演。二层为民俗老物件展区、百姓府邸院落中餐、御礼雅苑街

区、燕山书院、撒欢儿乐园、遥记图书馆、祈福长廊七大区域。三层为大唐州府精品中餐、小山儿西洋餐等区域。城市更新赋予唐山宴项目强劲的生命力，激活了城市IP,进而实现了存量资产的盘活、提质、增效，为城市经济发展提供了新的增长点。唐山宴将城市记忆、文化体验、生活场景、商业空间等有机结合，打造了一处反映真实唐山生活、处处充满人间烟火气、主客共享的城市文化会客厅。

二、重塑在地文化资源，打造城市文旅新名片

"一座唐山宴，半部唐山史"。从开埠之初的繁华商业街，到第一台机车的轰鸣，再到皮影、评剧、乐亭大鼓等非物质文化遗产的璀璨夺目，唐山宴将这些历史片段一一复刻，以一种独特的文化呈现方式，打造了一座能吃的、活化的博物馆，传递乡愁记忆和乡土情怀。通过复原历史场景、实物展示、传统文化演绎等方式，与游客共情，提供最真实、最温暖的情绪价值，把唐山宴真正融入人们的生活场景。

文化灵魂赋予旅游新的生命力，唐山宴通过文旅商融合发展的新模式，结合新兴热点，更新业态、提升场景，从传统文化切入，以特色美食为核心，深度挖掘唐山地方文化和非遗资源，恢复了多个老字号和非遗项目，如棋子烧饼、小山炸糕、大饹馇、十四王爷干烧鸡等多种非遗美食，将本地特色美食转化成文化符号。同时打造"唐山宴有礼"伴手礼品牌与文创市集，通过"可看、可

吃、可购”的一站式体验，实现文化传播与消费升级的双赢，有效推动了唐山文化的传承与发展，成为传播地方文化的活态载体。

传统文化与现代体验的完美融合。唐山宴注重传统文化的传承和创新表达，以“非遗活化”为突破口，将情怀根植于非遗传承之中，将冀东文艺三枝花——评剧、皮影、乐亭大鼓等融入日常演艺，活化非遗，让非遗更有温度。在中空区设立的“梨园盛世”戏台，每天定时演出国家级非物质文化遗产——评剧、皮影、乐亭大鼓的经典曲目以及《俏夕阳》舞蹈表演、民俗音乐等互动节目，为游客提供了多元化的文化旅游新体验。此外，唐山宴设立非遗技艺体验区，让游客与传承人互动，皮影戏互动、皮影雕刻、糖画制作、书法、非遗拓印等工艺成为流动的“文化课堂”，让传统文化以可触、可感、可消费的形式焕发新生。

三、运营前置，持续迭代，文旅商融合的“唐山宴模式”

“运营前置、持续迭代、文化萃取”，唯一不变的是一直在变。唐山宴持续变革，逐步探索“新场景、新业态、新产品、新服务”发展路径。不管是在产品的升级上，场景的打造上，还是从精准服务上，都没有停下脚步。萃取地方文化精髓，传承与创新并重，唐山宴实现了从闲置商场到文旅新地标的华丽转身。

唐山宴的诞生并非出自宏大的文旅梦想，而是源于现实的困境与摸索。项目启动之初，团队仅希望打造一个“让人愿意来吃饭的地方”，同时成为“宣传这座城市的窗口”。唐山宴开业至 2025 年历经了七年四次迭代升级，从最初的“1.0 大饭店模式”到“2.0 小吃综合体”，再到“3.0 文旅商综合体”，最终成为如今有温度的“4.0 城市会客厅”模式，实现了从“无其形无其魂”到“有其形有其魂”的华丽蜕变。

最初的 1.0 版本是一个以“大饭店模式”运营的空间：一楼只有 11 张餐桌，主要用于二、三楼 100 多个包房的点菜明档。出乎意料的是，开业即爆火——单日客流量超过 2 万人，远超原设计容量 3000 人。大量游客涌入拍照打卡，却不在楼上消费。团队被迫转型，将一楼改为小吃档口，逐渐增加就餐位，迈入了 2.0 阶段。

2.0 时期以“小吃综合体”为定位，但初期采用招商加盟模式带来品控标准不一、经营理念各异的问题。唐山宴果断清退所有招商商户，转向全面自营。尽管缺乏小吃运营经验，但凯歌儿团队坚持“沉下来做”，逐步摸索出自成体系的小吃标准与合作模式。

3.0 阶段的唐山宴真正走向“文旅商综合体”。三年疫情期间不断地升级，项目反而迎来转机。到 2023 年唐山宴就开始从京津冀的业内崛起，真正成了旅游目的地。发现有人专门为唐山宴而来，每天几十辆、上百辆旅游大巴往这里来，这让唐山宴意识到他们好像变成干文旅的了，唐山宴已不再只是一个餐厅，而是一个旅游目的地。所以唐山宴就把自己转型做文旅商综合体，砍掉部分餐饮业态，丰富所有的演绎场景、体验互动和文化展示，逐渐形成文旅消费新生态。

4.0 的唐山宴，致力于打造“有温度的城市会客厅”，传递人文关怀与情感共鸣。唐山宴始终相信，真正让一个项目走得长远的，始终是“以人为本”的理念。因此，唐山宴更加注重情绪价值的营造与情感连接的建立，希望与每一位游客实现“共情”，于细微之处浸润温暖，留下真诚而难忘的记忆。

四、打造沉浸式消费图景：重文化、重体验、重生活

首创“馆店结合”模式，打破博物馆与商业体的界限。将博物馆与消费体验店相结合，既是活态的博物馆，又是可消费的体验店，着力打造超级场景、超级小吃、超级演绎、超级产品，形成了独特的文旅消费新模式。

场景重构：从“老物件”到“新记忆”。从“仿古老街、传统美食、皮影戏台、墨香书院、汉服衣坊、历史物件”到“霓虹灯街、文创市集、唱片长墙”，场景设计贯穿古今，无不展示着唐山的古韵与新意。老物件的记忆重构，一楼展柜中的缝纫机、黑白电视机、老式打字机等老物件，不仅是静态的展品，而且是动态的情感触点，复刻了“老唐山”的历史场景，唤醒本地居民的乡愁，更通过“可触摸的历史”向游客传递城市的历史厚度。老物件展示与历史文化传承相辅相成，唐山宴在二楼设置了民俗老物件展区，这些老物件见证了唐山的发展历程和历史变迁，一是能够让游客了解到唐山的过去，增强对这座城市的认同感和归属感。二是精神文化的融入。唐山宴将唐山特有的民族精神，如“特别能战斗”的开滦精神、

“不屈不挠、勇往直前”的抗震精神等融入院落包间的设计之中，让游客在欣赏建筑和品尝美食的同时，也能感受到唐山的精神文化内涵。

“五街两巷一条河”：跨时代的空间叙事。在建设阶段，项目以“五街两巷一条河”为设计主线，同时构建文创街区、多个网红打卡点、遥记图书馆、燕山书院、让宫廷文化融入人间烟火的“御礼雅苑”街区、“冀东文艺三枝花”主题儿童乐园、重塑夜经济消费趋势的昆德啤酒博物馆等多元化新场景，巧妙融合仿古建筑与现代元素，串联不同主题空间，形成链接“老唐山”与“新唐山”的跨时代空间场域。一层以“市井烟火”为主题，还原老唐山街巷风貌，档口悬挂“老字号”木质招牌，摊主身穿传统服饰叫卖，游客可边吃美食边看非遗演出，游客仿佛穿越至百年前的唐山集市。二层全新打造“御礼雅苑”街区，融合宫廷美学与市井文化，红墙青瓦间，打造集文创、餐饮、拍照于一体的复合空间。三层“大唐州府”以高端宴请承接文化 IP，形成消费分层。

五、文化为魂，运营为根：草根团队的“发心与干真事”

“发真心，干真事，脚踏实地，没有捷径”。唐山宴着力打造超级场景、超级小吃，打造有微笑、有吆喝、有试吃、有文化、有温度的超级凯歌儿式小吃场景。我是一个典型的草根，并非“文旅人”，初中没毕业，16 岁创业，总经理是厨师出身，总裁曾是前台接待——正是一支“草根团队”，凭借着一群草根的初心力量，做出了打动人的文化项目。正是这样的背景，让唐山宴坚信：真正的文旅或者任何一个项目，没有捷径，发真心、干真事，脚踏实地才是根本。

文旅项目“运营比策划更重要”，因为“运营是有感情、有情怀的”。如果说设计决定了项目的形，那么运营则赋予其魂。文旅不是快生意，它需要情怀，更需要坚守。唐山宴坚持“所有策划设计本质是为人民服务”，注重提供真实、温暖的情绪价值。在小吃板块，唐山宴提出“没有祖传和秘方，只有用心和良心”，强调“让小吃成为作品而不是商品”。现场明档制作、保留锅气与烟火气，是唐山宴的美食哲学。在演艺方面，唐山宴推行“小演绎大作用”，推进“在地演绎”，不以规模取胜，而强调感染力与参与感，用小演出激活大场景，实现“一个人的演绎带动全场”。在文化表达上，唐山宴坚信：“任何装修都会被淘汰，只有文化永远不会。”唐山宴每一个场景、每一样产品都努力与唐山本地文化结合，真正实现“在地化”。早在2015年，我在遵化经营一家以地方文化为主题的农家院，将饮食与地域历史、风土人情相结合，形成了“可吃饭的微型博物馆”模式。这一成功经验为后续操盘唐山宴奠定了理念基础：文化，才是真正不会被淘汰的装饰。

六、变“网红”为“长红”，变“流量”为“留量”，构建有温度的城市会客厅

洞悉游客新需求，构建有温度的城市会客厅。唐山宴以“主客共享”的理念作为市场切口，从唐山真实的本土文化中萃取出浓缩版、增强版、集中版的唐山生活，击中游客的内心，通过精细化服务与情感共鸣，将“流量”转化为“留量”。“稀罕您来”唐山话迎客仪式，唤醒本地人的乡愁与外地游客的文化好奇。老物件陈列、方言墙、怀旧老照片展区、非遗表演、民俗互动……这些元素不仅还原唐山历史，更构建了一个可供回忆、可触发共鸣的情感场域。唐山宴要让顾客被细节感染，发自内心地想再来。

唐山宴在服务细节上精耕细作。通过多维度服务体系构建起城市温情坐标：设立多处便民服务点位，配备医疗用品、直饮水机、微波炉等便民设施，解决游客“食物加热”“应急救助”等需求，提供爱心存储柜、宠物寄存处、儿童推车租借、轮椅租借等便民服务。节假日增设“暖心驿站”，提供季节饮品，推行“碰拳礼”传递城市温度。节假日增加精彩的演绎，除了室内的全天演绎，还在户外增加更多的互动演绎，把游客等待的枯燥感变为文化体验。保洁团队维持“烟火气与洁净度”的平衡，将“主客共享”理念落到实处。通过切实解决游客的多元化需求，实现了服务温度与消费满意度双提升，将“流量”转化为“留量”。用心用情，希望与每位游客产生情感共鸣、传递温暖，让每位游客感受

唐山这坐城市。

“餐饮业态做减法，文化体验做加法”。唐山宴逐步缩减传统餐饮面积，将更多空间赋予互动场景，进行业态动态调整，场景迭代创新。将厨房改造成图书馆、小吃档口变身主题游乐场，还增设了玫瑰花瀑布、方言文化墙、老牌匾文化墙等多种网红打卡点，持续响应各年龄段客群需求，文化体验占比提升至40%，成为主客共享的“城市会客厅”。

七、文旅新质生产力的中国样本，助力中国文旅商融合跑出“加速度”

“唯一不变的就是一直在变”——这一信条贯穿唐山宴四次迭代。从“活下去”到“火起来”，再到“活出温度”，其本质是对市场需求与文化敬畏的平衡艺术。其改造历程印证了一个真理：城市的“存量资产”不是包袱，而是亟待唤醒的文化富矿。唐山宴的实践，不仅为工业城市转型提供了新思路，而且以“文化 + 商业 + 旅游”的深度融合，重新定义了文旅服务的价值内核。其核心启示在于：文旅产业的高质量发展，必须回归对在地文化的敬畏、对市场需求的洞察以及对创新边界的持续突破。这一路走来，唐山宴始终坚信：唯有深耕在地文化，才能让城市记忆焕发新生；唯有持续迭代，才能变“网红”为“长红”，变“流量”为“留量”。

自2018年开业以来，唐山宴持续火爆出圈，开启“人从众”模式，年均接待游客人数超 500 万人次，最高单日接待游客人数超 5 万人，其中 70% 为外地游客，年均接待国内外考察团 200 余次，为当地提供了大量的就业和创业机会，促进了居民收入的增加和生活水平的提高。通过文旅商融合发展的新模式，构建了拉动消费经济的链条，推动了购物消费多元化融合发展。

被新华社、中央电视台、光明网等媒体报道，多次受到京津冀游客高度赞扬，为唐山文旅产业提质增色。先后荣获中国最具影响力特色文化美食旅游目的地、中国最佳城市文旅项目奖、中国旅游产业影响力案例——美食旅游目的地创新发展典型案例、2023—2024“长城奖——文旅好品牌”年度城市地标优秀案例、2024 中国十大文旅经济创新案例、第六届“中国服务”·旅游产品创意案例、2024 全国消费新场景典型案例、2024 美食旅游融合发展案例、2024 中国旅游产业影响力案例——旅游促消费创新实践典型案例、2024 中国群众文化品牌典型案例——文旅融合 IP 类典型案例、2024 文旅榜样奖——年度热门旅游景区、2024 旅游营销推广创新案例、2025 文旅创新与高质量发展案例——“文旅 +”创新融合案例 、2025 中国文旅先锋奖、2025 非遗传播创新案例、河北省旅游休闲街区、河北省夜间文化和旅游消费集聚区等多项荣誉称号，成为城市更新和文旅商融合发展的典范。

唐山宴的实践成功体现在：其一，文化自信的变现力——通过在地文化的现代表达形成差异化竞争力；其二，存量资产的重构力——轻资产运营降低开发成本，激活闲置空间价值；其三，消费升级的响应力——以场景化、情感化体验满足游客对“共情”的需求。其模式已被复制至河头老街景区，后者以“水上大唐不夜城”为定位，成为文旅产业存量盘活的又一典范。如今，由闲置商场改造的“餐馆”，变身为城市“会客厅”，成为中国文旅商融合的“样板间”。

唐山宴的成功，实现了多重意义的逆袭：第一，存量资产的逆袭。一座烂尾商场变身文化地标。第二，城市的逆袭。从工业城市转型到文旅城市，创造了一个属于唐山的奇迹。第三，草根的逆袭。在唐山宴的逆袭之路上，还有一支不可忽视的力量——那就是凯歌儿集团这支草根团队。这支团队的核心高管并非出身于文化或旅游行业，文化程度高的人不多，大都是草根，凭借对唐山地方文化的深度热爱和执着追求，让唐山宴从一处闲置商场逆袭成为全国知名的文旅商综合体，一群非专业出身的草根，靠真诚与坚持打造出文旅精品。未来，唐山宴将不断创新和优化文化内涵和服务品质，深耕唐山在地文化，真正做到“以文塑旅、以旅彰文”，打造在地文化超级场景，做有文化、有特色、有互动、有品质，更有温度的城市会客厅，为经济增长提供新动能，为游客带来更加丰富的新时代文化旅游新体验。持续推动品牌升级、场景升级、服务升级以及经营提质，焕新城市文旅活力，助力构建城市发展转型日期具有划时代意义的样板。

唐山宴的实践是在变与不变的平衡中，为中国文旅商融合开辟了一条充满烟火气的创新之路。唐山宴做到了——它让唐山不再只是钢铁的代名词，更成为一座有温度、有故事、值得奔赴的城市。唐山是一个热情好客的城市，唐山，稀罕您来！

邱　凯
凯歌儿集团董事长
唐山宴、河头老街创始人

开篇语：

诚如美国管理学大师托马斯·彼得斯所言：“距离已经消失，要么创新，要么死亡。”博涛文化（下称博涛）创立于2005年，从动漫与多媒体的创意沃土中萌芽，在创始人肖迪的引领下，心无旁骛，一路开拓进取，成功构建起闭环式的科技文旅生态体系。

肖迪，凭借其独特的专业背景提出尖叫美学理论，为博涛的产品注入了灵魂内核。以原创“巨兽IP”为核心的“巨兽+”模式惊艳亮相，成为博涛创造流量的神来之笔。此模式以原创IP为核心，不断拓展应用场景，全方位延伸至文旅各个领域。而熊洞街则借助这一创新模式成功将流量转化为实际收益，实现了从废旧厂房到城市IP的华丽转身。

熊洞街是文商旅综合体的成功案例，项目开业三年以来，巨熊北北的关注度一直在上涨。不到一万平方米的熊洞街，不仅激活了一个二十万平方米的老工业厂区，更是打造了一个能够媲美国家4A、5A级旅游景区人流的城市景观。

熊洞街的成功绝非偶然，它预示着在创新思维与文化IP的深度融合下，那些被时代尘封的空间，皆有可能重焕生机。

大连熊洞街

巨型艺术装置衍生城市级 IP 和爆款文旅项目

在这个充满机遇与挑战的时代，我们敏锐地洞察到，巨型艺术装置正是解锁这一目标的关键“密码”。它打破了传统艺术展示的局限，以其独特的魅力和强大的视觉冲击力，在信息爆炸的时代，精准地满足了人们对新鲜事物的追求，为文旅产业注入了全新的活力。正如美国思想家、文学家、诗人爱默生所说：“文化开启了对美的感知。”巨型艺术装置无疑是文化与美的具象化表达。

一、博涛的探索之路与尖叫美学理论

（一）博涛的转型与发展

博涛最初以动漫内容和多媒体业务起步，在市场竞争中不断探

索转型。公司创始人、董事长肖迪凭借其独特的教育背景，将动力专业的理性思维与艺术专业的审美素养相结合，带领博涛逐渐向文旅产业拓展。在这个过程中，博涛不断调整业务方向，积累经验，从单纯的内容创作逐渐发展为涵盖设计、施工、运营的全产业链文旅企业。

（二）尖叫美学理论的诞生

2018年，肖迪提出了“尖叫美学”理论，其核心的三大要素是奇迹感、生命感和美感。巨型仿生机械艺术装置是“尖叫美学”的其中一类成功实践。游客突然看见北北这么大一只机械巨兽，会感到惊奇，觉得它好像不是来自现实世界，这是奇迹感；机械巨兽具有丰富的面部表情，游客与它互动时，会不由自主地觉得这是一个富有生命力的东西，这是生命感；机械巨兽有着独特的外形，是机械与文化的有机结合，这是美感。

肖迪总结出了让用户尖叫的三个法则：第一，找到用户痛点；第二，打造用户尖叫点；第三，打造产品爆点。另外，特别要格外重视社交化媒体的自发传播。而品牌营销最缺少的是强刺激的视觉内容！这一理论是对文旅市场深入研究的结果。

二、巨兽商业：创造流量的引擎

（一）巨兽作为IP的独特优势

博涛的巨兽商业是其打造城市级IP和爆款文旅项目的重要手段。巨兽作为一种巨型艺术装置，具有创造流量的强大能力。它们体型巨大、造型独特，具有天然的视觉吸引力。与传统的 IP 形象不同，巨兽以机械实体的形式呈现，给人带来更加强烈的震撼感。

从 IP 的属性来看，巨兽能够创造并引领流量。2019 年，博涛的第一个巨兽产品在开封清明上河园亮相，迅速引发网络热议。其独特的造型和精彩的表演吸引了大量游客和媒体的关注，通过自媒体和主流媒体的传播，该项目的影响力迅速扩大。这种传播效果不仅提升了巨兽本身的知名度，还为所在景区带来了大量游客，实现了流量的创造和引流。

（二）巨兽的多元应用场景

随着巨兽商业的发展，其应用场景日益丰富。除了在景区作为核心吸引物，在央视春晚、各大卫视的综艺节目等舞台上，博涛的巨兽也多次亮相。这些曝光机会进一步扩大了巨兽的影响力，使其成为备受关注的文化符号。从地方台到央视，从自媒体到官方媒体，巨兽在不同平台上获得了广泛的传播，为项目所在的地区以及城市带来了巨大的流量，提升了知名度。

三、熊洞街：从废旧厂房到城市文旅新地标

（一）项目背景与选址意义

熊洞街项目位于大连冰山慧谷产业园区，这里曾是大连冷冻机厂旧址。随着城市的发展，老旧厂房成为城市更新的重点对象。大连冰山慧谷产业园区希望借助文化产业的力量，将这片闲置的工业用地转变为充满活力的创新园区。熊洞街项目应运而生，它不仅承

担着盘活存量资产的经济任务，还肩负着传承城市工业文化记忆的文化使命。选址于此，一方面可以利用老旧厂房独特的建筑风格和空间结构，为项目增添历史韵味和工业特色；另一方面产业园区的定位与熊洞街的文旅商业属性相契合，能够形成产业协同效应。周边配套设施的逐步完善，也为熊洞街的发展提供了良好的基础条件。

（二）建设历程与挑战应对

熊洞街项目从 2020 年立项开始，便面临着诸多挑战。2021 年建设期间，遭遇了疫情、钢材涨价等不利因素。施工人员短缺、施工进度受阻增加了项目的建设成本。

然而，博涛团队积极应对这些困难。在施工进度方面，通过合理调整施工计划，利用线上沟通工具协调各方工作，确保项目有序推进；在成本控制方面，与供应商积极协商，寻找性价比更高的材料，同时优化项目预算，严格控制各项开支。在招商阶段，面对商家对项目前景的担忧，博涛团队积极宣传项目规划和发展潜力，用诚意打动了部分商家，为项目的顺利开业奠定了基础。

（三）熊洞街的构成与特色

熊洞街总建筑面积约 1 万平方米，由北北大街、尖叫大街和潮玩天街三个部分构成。北北大街以餐饮和巨兽表演为核心，是游客打卡和年轻人聚集的热门区域。这里的巨兽表演成为吸引游客的重要亮点，通过精彩的表演和互动环节，让游客感受到巨兽的魅力。

尖叫大街以主题游乐为主。街区内的游乐设备都进行了主题化 IP 包装，充满了童趣和创意，为家庭游客提供了温馨的游玩体验。

潮玩天街则以二次元、衍生品为核心，汇聚了肖迪自己的玩具销售品牌“X 将”以及熊洞街主题 IP 衍生品店北北小店。店内丰富多样的衍生品，满足了不同消费者的需求，尤其是巨熊北北的限量版手办等产品，受到粉丝们的热烈追捧。

熊洞街在整体设计上融入了丰富的文化内涵。它致敬大连这座城市，通过建筑风格、场景布置等展现大连的城市特色；致敬“时间”，唤起不同年代人的青春记忆；致敬每一个人，通过举办态度节等活动，关注个人价值，传递积极向上的生活态度。这种文化定位使得熊洞街不仅是一个商业街区，更是一个具有情感温度的城市空间。

四、巨熊北北：熊洞街的核心 IP

（一）原创 IP 的打造

巨熊北北是熊洞街的核心 IP，它的诞生经过了精心策划。在命名上，“北北”的第一个“北”代表“北方”，明确了地域属性，第二个“北”代表“北斗七星”，赋予了神秘的天文背景，与熊的形象相呼应。从形态设计来看，北北被塑造为一只身高平齐商场三层楼、外表强悍但内心憨萌的“东北娃”形象。它拥有蓝色大眼睛，浑身雪白，体重达 25 吨，站立起来高度可达 9 米，行动轨迹覆盖整个街区，还能做出各种生动有趣的动作，如扮鬼脸、喷水喷雾、仰天长吼等，将北方人的温暖善良、严谨浪漫展现得淋漓尽致。

在精神价值层面，北北代表着北方人的乐观性格，传递着快乐和正能量。在与周边环境的融合上，由于熊洞街所在园区前身是冷冻机铸造工厂，北北 IP 在造型设计和动作表演中融入了工业元素，与园区的历史文化氛围形成同频效应，激活了整个园区。

（二）与游客的情感联结

为了加强与游客的情感联结，博涛为巨熊北北建立了多个自媒体账号。在抖音、小红书等平台上，北北化身为一个鲜活的角色，拥有自己的生活和情感。它会分享去看荧光海的经历，表达对大自然美景的喜爱；也会展现对大轮船的向往，这些生活细节让北北的形象更加贴近现实生活，像极了自己身边的朋友。

通过自媒体账号的运营，北北吸引了大量粉丝关注，其中大部分并非大连本地人。粉丝们通过网络认识北北，并被其独特的魅力所吸引，进而产生了前往大连熊洞街看望“老朋友”的强烈愿望。这种通过 IP 吸引游客的方式，不仅为熊洞街带来了稳定的客源，还实现了从项目 IP 到城市 IP 的转化。如今，巨熊北北已经成为大连旅游的“代言人”，在城市的各个角落都能看到它的身影，通过数字孪生技术，北北还能走出熊洞街，带领游客领略大连的美景和文化。

（三）文创产品的开发与推广

文创产品是巨熊北北 IP 价值延伸的重要载体。博涛围绕北北 IP 研发了 238 个品类的文创产品，涵盖了日常生活的各个方面。冰箱贴作为常见的文创产品，因其实用性和展示性，成为游客喜爱的纪念品。游客将熊洞街的冰箱贴贴在冰箱上，每次看到都能强化对景区的记忆。

除了冰箱贴，北北IP的文创产品还包括各种手办、文具、服饰、家居用品等。这些文创产品不仅在设计上融入了北北的形象和巨兽元素，还注重产品的品质和实用性。北北主题的手办采用高品质材料制作，工艺精湛，细节处理到位，深受粉丝喜爱。在推广方面，熊洞街通过线上线下相结合的方式进行文创产品的销售。线上在各大电商平台开设官方店铺，线下在熊洞街的北北小店以及园区内的其他文创商店进行展示和销售，同时在主题活动期间推出限量版文创产品，吸引游客购买收藏。

五、熊洞街的运营策略与创新实践

（一）“有节过节，无节造节”

熊洞街深知持续吸引游客的关键在于不断提供新鲜、有趣的体验。因此，它坚持“有节过节，无节造节”的运营策略，通过举办各种丰富多彩的主题活动，为游客打造立体式的游玩体验。

熊洞街发挥创意，自行打造各种主题节日。态度节、玩具节、花朝节、动漫节、街舞节、电竞节、潮玩节、滑板节、电音节等一系列活动轮番上演，让熊洞街的夜晚充满活力和魅力。以2023年9月9日启幕的首届“态度节”为例，以“生而为人，要有态度”为主题，现场以极具冲击力的文字视觉设计为核心表达，设置了态度街舞show，我要出唱片，句子够毒、态度够狠的个性手工DIY，态度文创市集四大主题活动。这些活动充分表达了当代年轻人的态度和个性，吸引了大量年轻人前来参与，成为熊洞街的又一个打卡热点。

通过举办这些主题活动，熊洞街不仅满足了游客多样化的需求，还为游客提供了丰富的情绪价值，增强了游客与景区之间的情感共鸣。同时，这些活动也为熊洞街带来了更多的话题性和曝光度，吸引了更多游客前来体验。

（二）不拘一格，打造特色商业生态

熊洞街在招商过程中，秉持开放包容的态度，不拘泥于特定的风格或类型。虽然熊洞街整体具有一定的潮流风格，但在招商时并不刻意追求赛博朋克风的商户。对于一些品类和风格与赛博朋克不太搭的商户，甚至是连锁品牌，熊洞街会在商户认可的前提下，进行创新性、艺术性的改造。

在门头设计上，通过添加艺术装置、融入熊洞街的 IP 元素，使其与街区整体风格相协调；在店内装饰方面，放置一些与熊洞街文化相关的艺术作品，营造出独特的消费氛围。这种改造不仅提升了商户店铺的吸引力，也丰富了熊洞街的商业生态，让游客在购物消费的过程中能够感受到更多的文化内涵和艺术氛围。

熊洞街还注重培育原创店面。位于熊洞街第二层的“北北小店”，集合了肖迪的个人工作室品牌“X 将工作室”所自主研发的文创衍生品，涵盖了巨兽宇宙潮流手办、巨兽相关周边、城市礼物、生活好物等多个维度的产品。其中，大连城市 IP——巨熊北北的相关产品最受顾客喜爱，成为店铺的主打产品。这些原创店面凭借其独特的产品和文化内涵，吸引了大量年轻消费者，成为熊洞街商业生态中的亮点。

（三）破除门票经济，创新商业模式

在新时代的消费背景下，传统的纯观光式大门票旅游经济逐渐失去吸引力，人们更加注重旅行过程中的参与度和体验度，希望通过旅行建立与目的地的情感联结，获得对生活的思考和提升。熊洞街敏锐地捕捉到这一消费趋势的变化，大胆创新，破除传统景区门票经济，打造了一个创新型消费驱动的免费开放式街区。

通过取消入场门票，熊洞街大大降低了游客的体验门槛，使得更多人能够自由进出街区，增加了场地的人气和活力。这不仅吸引了更多游客前来，也为后续的消费创造了良好的条件。在深度体验方面，游客可以近距离观赏巨熊北北的精彩表演，参与各种主题活动，在特色商铺中购买心仪的商品，这种深度体验能够增强游客的满意度，自然而然地激发了游客的消费欲望。

熊洞街注重平衡本地化与旅游化的需求，打造“本地人常来，外地人必来”的场景。通过引入本地特色的餐饮娱乐业态，让外地游客能够体验到真实的大连生活；同时，通过举办各种文化活动和打造独特的 IP 形象，吸引本地居民前来休闲娱乐，增强了本地居民对城市的认同感和归属感。

在营销模式上，熊洞街创新地采用“强 IP 性 + 强创意性”的方式，打造了“场景—产品—体验—消费”的营销模型。通过营造独特的场景，推出具有吸引力的产品，提供丰富的体验，最终实现消费的转化。在举办主题活动时，熊洞街会根据活动主题打造相应的场景，推出限量版的文创产品，为游客提供沉浸式的体验，从而刺激游客的消费。

虽然取消了门票收入，但熊洞街通过商铺租金、特色商品销售、品牌合作等多种方式实现了收入的多元化。这种多元化的收入模式不仅确保了项目的经济可持续性，还使得熊洞街能够持续投入体验的提升和创新中，不断优化项目的品质和服务，为游客提供更好的游玩体验。熊洞街积极运用数字技术，通过社交媒体传播、线上互动活动等方式，扩大项目的影响力，增强与游客的互动。在抖音、小红书等社交媒体平台上，熊洞街会发布精彩的视频内容，吸引用户关注和分享。

（四）主客共享新空间的典范

熊洞街的成功，还体现在其精心打造了一个主客共享的新空间，这种创新模式极大地提升了游客的体验，增强了本地认同感，为城市更新和文旅融合发展提供了新的思路。

本地化与旅游化深度融合。熊洞街地处本地人口密度较高的城市中心，成为连接本地生活和旅游体验的理想桥梁。外地游客能在这里深度体验大连本地市民的休闲娱乐方式，感受这座城市真实而鲜活的日常。本地居民也能在熊洞街找到新的乐趣，巨熊北北带来的新奇感、潮流活动营造的时尚氛围，让他们重新发现自己城市的独特魅力，使熊洞街成为本地人的休闲新去处。

开放包容的空间设计。熊洞街采用开放式的 LOFT 空间结构和朋克设计风格，营造出开放包容的空间形态。高挑的层高让空间显得宽敞通透，阳光能毫无阻碍地洒入每一个角落；灵活的空间划分，为各类活动和商业业态提供了充足的施展空间；充满工业感的装饰元素，如裸露的水泥管道、复古的齿轮摆件等，既保留了老厂房的历史韵味，又增添了现代时尚感。这种独特的空间设计，让游客和市民在其中感受到自由、舒适的氛围，吸引着不同年龄、不同背景的人群汇聚于此，增强了街区的互动感和包容性。

多元文化的交融共生。熊洞街巧妙地将老大连的城市脉络与现代潮流文化相融合。通过保留和改造原有的工业建筑，传承了大连的工业历史和城市记忆。老厂房的外立面经过精心修缮，斑驳的墙面诉说着过去的故事；厂区内的老机器设备被改造成艺术装置，成为游客拍照打卡的热门景点。同时，引入当代艺术、潮流文化等元素，反映了大连人自由时尚的生活方式。这种新旧交融的文化氛围，不仅吸引了不同年龄段、不同文化背景的访客，而且为大连这座城市注入了新的活力。

强大的社交功能也是熊洞街的一大特色。它积极呈现中西交融的多元主题活动，围绕“文旅创意、城市记忆”的主旨重视并鼓励人们在此相遇、成长、交会，收获独特的社交体验。这种社交功能不仅体现在人与人之间的互动，还包括人与空间、人与文化的互动。例如，熊洞街常常举办各种主题活动，如音乐会、艺术展览、手工市集等，这些活动不仅丰富了游客和市民的文化生活，也为人们提供了社交和自我表达的平台。在音乐会现场，不同年龄的音乐爱好者跟着节奏摇摆，分享着对音乐的热爱；手工市集里，摊主与顾客亲切交谈，传授手工制作的心得。在这里，人们可以结交志同道合的朋友，拓展社交圈子，让社交成为旅行和生活中美好的一部分。

（五）熊洞街引领新文旅趋势

熊洞街的火爆并非偶然，它精准地把握并引领了当下新文旅的发展趋势。

满足巨物崇拜心理。当下消费者对巨物有着强烈的崇拜感，这种现象在熊洞街的成功中得到了充分体现。从人类历史来看，从古埃及金字塔到现代摩天大楼，追求“更大”“更高”的巨物崇拜心理由来已久。城市中不断涌现的高楼大厦、备受欢迎的恐龙元素，都源于人们对巨物所产生的仰望情绪，这是一种对超越自我、触及未知的心理渴望。巨熊北北高达 6 米，当游客站在它面前，瞬间会被其强大的气场和巨大的体型所征服，不由自主地掏出手机拍照分享。北北不仅是一个巨大的机械装置，更是熊洞街的灵魂，它将巨物崇拜感转化为持续的吸引力和情感联结。熊洞街还巧妙地将“巨物崇拜感”与“尖叫美学”相结合，创造出全新的文旅体验。北北的各种互动表演，喷水喷雾、仰天长吼等动作，配合精彩的灯光音效，让游客沉浸其中，不断发出惊叹和尖叫，极大地提升了游玩的趣味性和记忆点。

创造差异化消费场景。随着我国国民旅游消费诉求的变化，人们对旅游的期待不再局限于传统的观光游览，而是渴望在旅游中获得独特的体验，追求美好生活与文旅的紧密结合，其中蕴含着对美学的追求。肖迪提出的“尖叫美学”理论应运而生，他认为美学是普通中国人的一种生活方式，“美”是基础，“尖叫”是结果或目的，二者结合能产生叠加效应，引发消费者的情感共鸣，激发购物和消费欲望。熊洞街正是基于“尖叫美学”打造的文旅项目，它为游客创造了与日常生活截然不同的消费场景。走进熊洞街，游客仿佛进入了一个充满奇幻色彩的世界，巨熊北北带来的奇迹感、与游客互动时展现的生命感以及街区整体的时尚设计和艺术氛围所体现的美感，让游客全方位沉浸其中，获得前所未有的五感体验。这种独特的场景体验满足了消费者对新奇和美好的追求，成为熊洞街持续吸引游客的核心竞争力。

六、城市级 IP 打造的重要性

城市级 IP 的打造对于城市的发展具有多方面的重要意义。

首先，城市级 IP 是城市形象的集中展示。在全球化和信息化的时代，城市之间的竞争日益激烈，一个鲜明独特的城市级 IP 能够让城市在众多竞争对手中脱颖而出。巨熊北北作为大连的城市级 IP，成为大连的一张独特名片，让人们在提及大连时，不再仅仅想到传统的星海广场等景点，还会立刻联想到充满活力和创意的熊洞街和可爱的巨熊北北，极大地丰富了大连的城市形象。

其次，城市级 IP 能够带动城市文旅产业的发展。它吸引大量游客前来，促进旅游消费，带动相关产业的繁荣。熊洞街的成功运营，吸引了大量外地游客，这些游客在熊洞街及大连其他地方的食、住、行、购、娱等方面的消费，为当地经济注入了强大动力。同时，城市级 IP 还能提升本地居民的文化认同感和归属感。当本地居民看到自己所在的城市拥有独特且受欢迎的 IP 时，会更加热爱自己的城市，增强对城市文化的自豪感，进而积极参与到城市文化的传承和发展中。

再次，城市级 IP 有助于城市文化的传承与创新。它为城市文化的传播提供了新的载体和形式，让传统文化以更具有吸引力的方式呈现给大众。熊洞街在打造过程中，将大连的工业文化、海洋文化等融入其中，通过巨熊北北这个 IP 以及各种主题活动、文创产品等形式，让更多人了解和认识大连的文化，同时也在传承的基础上进行创新，为城市文化注入新的活力。

最后，城市级 IP 还具有强大的品牌辐射效应。一个成功的城市级 IP 可以提升城市在全国乃至全球的知名度和影响力，吸引更多的投资、人才和资源。大连凭借熊洞街和巨熊北北这一城市级 IP，在文旅行业的知名度大幅提升，吸引了更多的文旅项目落地，促进了城市的可持续发展。

七、结语

大连熊洞街的成功，为巨型艺术装置衍生城市级 IP 和打造爆款文旅项目提供了宝贵的经验。从博涛的探索与创新，到尖叫美学理论的实践，从巨兽商业的流量创造，到熊洞街的多元运营策略，每一个环节都紧密相连，共同构成了熊洞街的成功密码。

在文旅产业不断发展的今天，城市级 IP 的打造已成为城市发展的重要战略。它不仅能够提升城市形象、带动经济发展，还能传承和创新城市文化，增强居民的文化认同感。各地在发展文旅产业时，应借鉴熊洞街的经验，充分挖掘本地特色文化资源，结合创新元素，打造具有独特魅力的城市级 IP 和爆款文旅项目。

当前阶段，博涛的机械巨兽虽已实现仿生动作展示，但非表演状态下仍依赖人工操控，缺乏实时交互能力。为突破这一局限，博涛正以“超级智能体”为目标，推动 AI 技术与机械巨兽的深度融合并突破传统液压驱动的局限性（如动作响应滞后、灵活性不足），引入工业机器人技术重构机械巨兽的运动逻辑，核心目标是让肢体动作更接近生物本能，更具有生命感。展望未来，随着科技的不断进步和人们消费需求的持续升级，文旅产业将迎来更多的机遇和挑战。希望更多的城市能够在文旅产业的发展中，打造出具有影响力的城市级 IP，推动城市的全面发展，为人们带来更多丰富多彩的文旅体验。

魏海滨

大连博涛文化科技股份有限公司联合创始人

开篇语：

云上院子作为2021年全国首批甲级民宿，保留了当地的建筑风格、延续了当地的建筑文化、发扬了当地的工匠精神、唤醒了久居樊笼之人的乡愁和儿时记忆。它是在废弃已久的山村老学校的基础上，通过设计师独到的思维见解和设计手法，因地制宜、修旧如旧，秉废墟熔铸美学的经济原则，使其涅槃重生，以其独有的特色与面貌展示于世人面前。云上院子以“民宿+N”的模式，摸索出了一条“美学化留住乡愁、在地化留住文脉、产业化留住原住居民、宜居化留住原生态”的极具实践意义的乡村文旅建设的工作方法。云上院子对乡村振兴及文旅发展的助力在于：以乡村为根基，以美学为引领，以消费者的需求为载体，以小民宿引领大市场、带动大产业、促进大联动，推动乡村文旅的转型与发展、激发市场活力、带动当地增收致富、促使乡村旅游与文化及多种形式业态深度融合。在乡村振兴的道路上云上院子及其背后的设计团队会一直勇往直前，持续扎根乡村、深耕乡村、铸梦乡村，使我们的乡村越来越美好！

云台山·云上院子

废墟重构与乡村振兴的文旅实践

在乡村振兴的时代浪潮中，文旅融合成为激活乡村活力、传承地域文化的重要路径。云上院子民宿选址于焦作云台山景区旁太行山深处的金陵坡村，这里曾是一片荒芜，却在一群设计师的精心打造下重焕生机，以美学设计为核心驱动力，探索出一条别具一格的乡村民宿助力乡村振兴的发展模式。

一、废墟：重生的起点

2016 年以前，金陵坡村满是衰败之象。坍塌的石墙在风雨的侵蚀下摇摇欲坠，荒芜的梯田里杂草丛生，整个村庄寂静无声，只有那几间破旧的房屋还在勉强支撑，仿佛一位风烛残年的老人，在岁月的重压下艰难喘息。当时，村子常住人口仅剩7位老人，空心化严重，年轻人都奔赴城市寻找机会，村落仿佛被时代遗忘在偏僻的角落。

然而，这片废墟之下却潜藏着重生的希望。云台山景区旁的这片区域，虽破败不堪，却有着深厚的历史底蕴。年代久远的石屋，饱经风雨仍顽强伫立，墙壁上的每一道裂痕都是岁月留下的独特纹路；20世纪90年代废弃的山村小学，仿佛能听到曾经的琅琅书声，教室里的黑板虽然斑驳，但还能隐隐看出当年老师写下的字迹；那棵千年老槐树，静静见证着时代的变迁，繁茂的枝叶仿佛在诉说着过去的故事。尽管地方政府建议云上院子选址在成熟的云台山景区内，但它依然选择了这片废弃村办小学与几处破败院落组合的区域。云上院子坚信，乡村旅游与乡愁记忆，就藏在这些荒野深处即将消逝的村落中，这里便是开启乡村重生之旅的起点，是云上院子独特魅力的开始。

二、美学重构：工匠精神与美学觉醒下的六美融合

（一）聚落美：守护原生肌理

在规划建设时，云上院子对原有的石屋院子错落格局予以严格保留，遵循原有的地形地貌和建筑布局。例如，在新建民宿时，依据宅基地形状和周边环境，设计与之匹配的建筑形态，保持村落整体的错落有致。从远处眺望，云上院子与山势相互呼应，建筑依山而建，高低起伏，形成独特的聚落形态。清晨，炊烟从错落的屋顶袅袅升起，与山间的云雾融为一体；傍晚，夕阳的余晖洒在石墙上，

给整个院子披上一层金色的纱衣，让每一位来到这里的游客，都能感受到云上院子具有乡村原生聚落的自然之美、和谐之美。

（二）田园美：重塑乡野风光

在云上院子的入口区域，因地势做了大片的花田，在客房的院子里以及房前屋后有“爷爷的菜地”。我们对荒芜的梯田进行生态修复，重新开垦种植各类农作物，让客人采摘，开展农耕研学，丰富乡村度假的餐桌。春天，油菜花绽放，一片金黄，微风拂过，花浪起伏，桃花、杏花、连翘等不甘落后，竞相开放，吸引着无数蜜蜂和蝴蝶在花丛中飞舞；夏天，向日葵迎着阳光生长，生机勃勃；院子的荷花也竞相展示它的妩媚与婀娜；金黄的小麦更是随风摇曳，丰收在望；秋天，太行山特有的野菊花也悄然绽放，点缀其间，给院子和田野增添了别样的色彩；冬天，傲雪的蜡梅在田野边绽放，为寒冬增添一抹亮色。沿着林间石径两旁，种植四季花卉，打造多彩田园景观。同时，在山野与森林边缘设置生态步道，步道旁设置科普标志，引导游客欣赏自然美景，还在田间地头大树下设置休闲景点，让客人一边品茗喝茶，一边感受田园的宁静与美好。

（三）建筑美：传承与创新

在建筑材料上，云上院子大量采用当地的太行山红砂岩与青石，这些石材交错垒砌，形成独特纹理，设计师和工匠一起专门挑选本村或者附近山村的老旧石料，充分体现太行山区在地化的建筑特色。最大限度地保留建筑原有的布局与风貌，在新建建筑部分，延续老建筑风格和传统建筑工艺，如老木匠们运用榫卯工艺修复房梁，石匠们采用“干砌石墙”技艺，不用一颗钉子、不用一点水泥，却让建筑稳固耐用。石拱券这一当地特色建筑形式被保留和广泛应用，其优美弧线与石墙、青瓦相互映衬，展现独特的建筑景观。同时，在建筑内部融入现代设计元素，如采用节能保温墙体、智能家居系统、通透保温的大幅门窗，让游客在感受传统建筑魅力的同时，也能享受到现代生活的舒适。

（四）庭院美：营造诗意空间

整个民宿就是一个大的庭院，而每间客房都带有小庭院，增加空间趣味性和层次感。庭院内布置绿植花卉、石凳石桌，与周边自然环境相融合。客人可在庭院中品茶、阅读，享受宁静时光。在地势较高处设置观景平台，让游客俯瞰山村美景，将太行山的壮丽山色尽收眼底。同时，庭院的设计注重与室内空间的衔接，使室内外空间相互渗透，营造舒适、宜人的度假环境。由于亿万年前在海底被海水的浸泡冲刷，在金陵坡村一带形成了很多像太湖石一样的独特山石，把这种石头和当地松树、连翘、黄栌一起营造意境美的山居庭院，既有艺术的意境美，又体现当地的人文地理特色。

（五）物料美：彰显地域特色

除了建筑石材，在其他物料选择上也突出地域特色。选用当地的木材制作家具、装饰构件，其天然纹理和质感，散发着质朴的乡村气息。在装饰陈设上，采用具有当地特色的石碾、磨盘、陶缸、生产农具、农家生活用品等，增添乡村风情。就连灯具、餐具等小物件，也融入了当地文化元素，如灯具的造型模仿了当地传统的灯笼，用荆条编织装饰的酒吧台，一些精美的老门窗和石质条案得到保留，把传统建筑上的一些精美部件进行展示陈列，让游客在细节中感受地域文化的魅力。

（六）人文美：传承乡土文化

将乡村文化融入各个细节，客房以周边村落命名，如“片马、石瓮、龙门、陪嫁妆”等，让游客在入住时感受地域文化。云上院子聘请当地村民担任民宿管家，他们熟悉乡村的一草一木，能生动讲述金陵坡及周边村庄的历史传说、民俗风情。在千年古槐下设置废墟剧场，夜幕降临，繁星点点，游客围坐在一起，听着民宿主人讲述着古老的故事，感受着乡村夜晚的宁静与神秘；废弃窑洞改造成茶艺空间，游客可在里面品茗赏景，欣赏窑洞独特的构造和装饰，体验乡村的悠闲时光。我们深入挖掘当地历史文化和民俗传统，用当地材料和场景打造在地化度假空间，如古槐书院、壹善文创馆、云味茶馆等，成为传承乡村文化的重要载体。

三、四留四边：寻找适合乡村文旅建设的新模式

（一）四留模式：可持续发展的基石

1. 留人才：产业化留住村民

产业驱动人才回流，通过打造乡村度假业态，利用产业扶贫资金，为村民提供丰富的就业创业机会。村民崔老六两口子原本赋闲在家，生活拮据，收入不稳定，通过在项目上帮忙打小工慢慢地学习旅游服务，在云上院子的帮助和带动下，开办了自己的农家乐，

生意很好，不但自己忙起来了，女儿也回来一起帮忙扩大经营，之后其他村民也跟着学习支起了灶台做乡村美食。现在政府开始打造步行街，初步形成了一个乡村产业。政府也着力培养人才帮助村民转型做好服务业，人社局、住建局专门组织村民进行服务技能、工匠技能的培训。村民凭借自己的努力和热情，如今不仅收入稳定，还能陪伴在家人身边，实现了就业不离家，创收和家庭的平衡。

2. 留乡愁：美学化留住乡愁

以美学设计为引领，云上院子对乡村风貌进行了全面的整治与提升，废弃的旧物被赋予了新的生命，成为乡村独特的装饰品，文创、海报、灯光的运用，增添了一份古朴与文艺的气息。同时，云上院子精心打造了一系列公共艺术装置，如彩绘、木马、雕塑小品等，它们与乡村环境融为一体，乡村面貌焕然一新，既保留了传统的乡愁记忆，又提升了乡村的文化内涵。此外，丰富多彩的文化活动和艺术展览在此轮番上演。乡村音乐会、手工艺市集等活动吸引了四面八方的游客和艺术家的目光，为乡村注入了新的活力与生机。其中，举办的乡村摄影节尤为引人注目，它如同一扇窗口，吸引了众多摄影爱好者前来捕捉乡村的美好瞬间。这些镜头下的作品，不仅展现了乡村的自然风光与人文景观，更让村民重新审视并深刻感受到自己家乡的独特魅力与无限可能。

3. 留生态：宜居化留住生态

在金陵坡村，曾经的它和许多普通乡村一样，房屋老旧，环境杂乱，年轻人纷纷外出，村庄逐渐失去活力。但云上院子民宿的出现，彻底改变了这一切。云上院子独具特色的住宿空间，吸引了大量游客。随着民宿生意越来越好，村里人气旺了起来。村民看到了商机，在云上院子的带动下，纷纷改善自家居住条件。为了给游客更好的体验，大家开始注重环境美化。他们不再随意堆放杂物，而是在房前屋后种上鲜花绿植；他们不再砍伐树木，而是在荒野山坡开垦菜地和花园。村里还组织了垃圾清理活动，养鸡养羊严重污染环境的状况也得到了根治。在云上院子的影响下，村民越发珍惜自然。如今，漫步在村子里，青山白云环绕，民宿与美景相互映衬。因为一家民宿，乡村实现了宜居化，也留住了生态，见证了绿水青山就是金山银山。

4. 留文脉：在地化留住文脉

在乡村建设浪潮中，“在地化”是守护乡村灵魂的关键，云上院子民宿便是绝佳范例。建设时，选用当地常见的石头、木材等材料。那些历经岁月打磨的石头，垒砌成坚固又质朴的墙壁，承载着乡村人祖祖辈辈与自然共处的智慧；本地木材散发着熟悉的气息，制成房梁、家具，每一道纹理都诉说着往昔的故事。这些材料，不仅是建筑的基石，更是乡村记忆的物质载体。与此同时，云上院子深挖在地人文故事，老人们口中代代相传的传说、村民师生共建乡村小学的艰辛过程，都被融入民宿的经营活动中，游客入住，管家会带着客人做“敲钟”的入住仪式，通过这些活动和故事，客人能触摸到云上院子的前世今生与金陵坡村的历史脉络。借助在地化的材料与人文故事，云上院子将乡村的文脉紧紧留住。它让远离故土的游子重拾乡愁，让初来乍到的访客领略乡村的深厚底蕴，使乡村的独特文化在时代发展中熠熠生辉、得以延续。

（二）“边设计、边施工、边调整、边运营”四边模式：解锁乡村民宿建设新路径

乡村建设与城市建设路径截然不同，城市建设多为增量建筑，力求以高瞻远瞩的规划，通过“一张蓝图绘到底”打造现代化的都市风貌，从拔地而起的摩天大楼到纵横交错的交通网络，城市在全新的土地上构建未来。与之形成鲜明对比的是，乡村民宿建设基本围绕存量建筑展开，是对既有资源的优化调整。以云上院子建设为例，其面临的环境错综复杂。自然环境中，乡村多样的地形地貌和脆弱的生态系统，要求民宿建设巧妙利用地形、保护生态；人文环境里，独特的风俗习惯与邻里关系，需融入民宿设计与运营。且乡村老宅子产权复杂，房屋与村落自然的关系历经岁月沉淀，建设时需谨慎对待，避免破坏传统机制。

在这种情况下，云上院子提出“边设计、边施工、边调整、边运营”的模式。依据施工中对实际状况的深入了解灵活优化，对既有建筑采取介入式边施工边调整方案，这种介入式的方式就是介入施工中不断摸清情况再提出优化提升处理的方案。针对乡村有限的施工条件，灵活安排进度与工序，随时应对设计与实际的偏差及市场需求变化。鉴于高品质民宿投资大、收益慢的特性，在建设阶段便开展线上宣传、探营活动等，依据客人反馈持续改进。且高端民宿项目都要求运营前置，在运营前置过程中，一定也会对设计方案与施工作出要求，增加了项目建设过程不断调整的可能。这也是对运营的重视，以运营为本。

四边模式充分契合乡村建设的特点，在尊重乡村既有格局与风貌的基础上，充分保障了云上院子与乡村肌理的融合和乡村地域特色，为成为全国高端民宿奠定了基础。

四、业态丰富多样：不止于住宿的多元空间

在乡村文旅蓬勃发展的当下，民宿早已超脱单纯住宿功能，成为集研学、团建、农旅、手工、休闲等多功能于一身的综合空间。云上院子打造了丰富多样的公共空间，都集中在原学校大门入口的核心区域，客人们都戏称为“云上 CBD”。步入云味茶馆，古朴的氛围扑面而来，这里是品味茶香、放松身心的绝佳场所，游客们围坐在一起，在袅袅茶香中谈天说地，享受着悠然时光。中央最高处的云上酒吧，视野极佳，环视群山，彩霞满天，夜幕降临时，灯光柔和，音乐轻缓，为游客提供了一个微醺与社交的惬意空间。乡村建设展览馆不大，但全面全方位呈现了云上院子的建设历程和经营理念，无论是研学团队深入探究乡村变迁，还是普通游客好奇了解乡村建设，都能在此收获满满。神牛农场是由明代以来的先民逐步开垦出来的梯田建设而成，高山梯田远眺云台山景区，为研学活动增添了亲近自然、了解农事的实践场景。星空露营地则是浪漫与自由的代名词，夜幕下，躺在帐篷中仰望浩瀚星空，感受大自然的神奇。而废墟剧场，摇身一变成为团建的欢乐主场，团队成员在此开展趣味游戏、进行才艺表演，围坐在篝火旁，在同伴的吉他声中觉得睡

觉都是在浪费时间。“爷爷的菜地”与“奶奶的灶台”紧密相连，游客可亲手采摘新鲜蔬菜，在灶台上烹饪出地道农家菜，品尝劳动果实的同时，体验乡村生活的烟火气。美院小姐姐的陶艺吧还教授客人油画，泥土的芬芳与艺术的气息交织，游客在非遗传承人的指导下，亲手制作陶艺作品，感受指尖艺术的魅力。

云上院子凭借这些多元公共空间，为研学、团建、手工、休闲等活动提供了广阔的舞台，远超传统民宿的住宿范畴，极大地丰富了游客的体验，成为客人在城外的第二个家。

五、初心如炬：照亮品牌征程

云上院子初创团队原本是一家设计公司，是在乡村振兴的大背景下带着诗和远方的情怀与初心跨入乡村文旅行业，凭借出发时的初心、干事的决心、打磨作品的耐心、坚持服务品质的恒心一路走来，“四心”引领团队破浪前行，开启云上院子高端民宿品牌建设的奋斗篇章。团队怀揣着对“诗和远方”的初心，立志将云上院子打造成一处远离喧嚣、回归本真的心灵栖息地，打造出一个立足民宿行业的典范之作。凭借大胆干事的决心，团队无畏挑战，打破传统民宿的固有格局，从选址规划到施工建设，从传统文化到新生活方式，每一步都细心揣摩、大胆决策、果敢创新。面对建设过程中的重重困难，长期驻村的耐心支撑着团队，一砖一瓦、一草一木，皆倾注心血，精心雕琢每一处细节，只为呈现最完美的民宿度假空间。持续经营的恒心让团队在品质打磨上永不止步。从食材甄选到客房布置，从休闲活动策划到贴心服务升级，我们始终以打造好项目作为品牌之魂，用真心用真情为宾客呈上独一无二的高端民宿体验，铸就云上院子的卓越品牌。

（一）积极参与行业组织，载誉而归

云上院子踊跃参与“中国服务”·旅游产品创新大会、中国民宿大会、博鳌文博论坛等全国性行业交流，在这些汇聚行业精英的高规格平台上，通过与各地文旅专家、民宿大咖、从业者的深度交流，不仅吸收到行业的前沿理念，还将自身“以美学重构乡村”的独特模式传播出去，极大提升了在业内的知名度，树立起专业、创新、服务的品牌形象，吸引众多业内人士关注与合作。

云上院子积极参与政府和行业组织的各类奖项评定，成绩耀眼夺目。2021 年 11 月，被全国旅游标准化技术委员会评为全国首批甲级旅游民宿，这是对其综合品质的高度认可；在河南省民宿发展推进会上，荣获河南省首批五星级乡村旅游民宿，彰显了在河南区域内的领先地位；入围 2022 黑松露奖“中国民宿榜”前 100，在全国民宿竞争中崭露头角；在全国第一届印迹乡村创意设计大赛总决赛中，“云上院子——有温度的山居美学民宿设计”凭借独特创意喜获一等奖。2024 年，作为河南省唯一创意案例入选第六届“中国服务”·旅游产品创意案例，为品牌再添殊荣，这些鼓励进一步提升了品牌的公信力与影响力。

（二）媒体助力，传递美好生活

云上院子的独特魅力以及在乡村振兴中的榜样力量得到地方政府

和媒体的认可，他们对云上院子也是青睐有加。媒体摄影师架起长枪短炮，从不同的角度、不同的时段，捕捉每一处动人细节，深入挖掘云上院子的故事，从民宿的设计理念，到背后的建造历程，再到乡村生活的点点滴滴，通过流畅的剪辑、恰到好处的配乐，制作出一部部引人入胜的视频作品。河南广播电视台主持人佳音携手云上院子驻地艺术家“珠峰玫瑰”孙宁，以艺术家带动当地村民、工匠一起以建设家乡为主题拍摄了一部《艺术筑梦乡村》短视频，以独特视角讲述云上院子从废墟山村到艺术民宿的华丽蜕变。我以设计师的视角制作《重构废墟的设计师》视频。这些视频在各大视频平台、社交媒体上一经发布，便如星火燎原之势迅速传播。特别是到访者在项目现场观看这些视频更有心灵的震撼与触动。

不仅如此，云上院子自身的美也为品牌传播带来了优势。入住的客人被这里的美景深深吸引，他们到院子的第一件事就是拍照拍视频，通过微博、抖音、小红书等自媒体平台分享自己的入住体验。这些来自客人真实的分享，进一步扩大了云上院子的影响力。

此外，我与多位驻地艺术家都是摄影发烧友，我们为云上院子拍摄了大量的美丽照片、视频，还经常给客人们拍照，互相分享传播照片、视频，不但传播了美还加强了客人对品牌的认同度。这些大量的围绕乡村生活、民宿体验、文化活动的视频，从参与农事活动的欢乐，到品尝农家美食的满足；从团建活动的精彩，到民宿温馨的夜晚灯火，全方位展示了云上院子的魅力。这些视频成功吸引了众多潜在游客的目光，让更多人对这座乡村民宿充满向往。云上院子的成功也吸引了众多媒体的关注。央视、《人民日报》、新华社、河南卫视、《河南日报》等主流媒体多次报道，肯定了云上院子在民宿行业的标杆地位，为云上院子的品牌塑造持续助力。

（三）承办高规格会议，提升品牌格调

云上院子多次成功承办文旅产业发展研讨会、乡村振兴论坛等高规格会议，彰显独特魅力。与城市酒店相比，这里有着无可比拟的优势。当来自不同领域的专家学者、政府官员齐聚于此，便能沉浸在乡村独有的氛围中。行业特色与地域文化在此深度交融，会议讨论的间隙，抬眼望去山峦起伏，天地辽阔。尤为值得一提的是古槐书院。作为会议场地的重要组成部分，它承载着深厚的地域特色。书院采用当地化的木结构石屋建筑，其外观古朴厚重，与周围环境相得益彰。在院内古老槐树的掩映下，整个建筑更增添了几分宁静与神秘。走进其中，开会空间别具一格，没有城市酒店的那种规整与刻板，不规则的石墙、裸露的木质横梁，为会议营造出一种贴近自然、充满人文底蕴的氛围。在这里，与会者仿佛能触摸到历史的脉络，在交流研讨中获得别样的灵感与启发，也让云上院子凭借这一独特场地，进一步夯实了在文旅领域的高端形象。

（四）校企合作赋能，拓展文旅教育新维度

云上院子积极与多所院校携手，成功搭建起民宿教学实践的桥梁，通过与设计类、旅游管理类的多所高校合作，云上院子成为高校的课堂教学与实践基地。有的高校则是把课堂搬到了金陵坡村，有的高校则是把学生的技能实习安排到了云上院子。学生纷至沓来，深入乡村建设、文旅产业运营一线，投身于乡村规划、民宿设计、运营管理、乡村文化研究等丰富多样的项目。在民宿日常运营中，他们学习接待流程、客户服务技巧；在乡村文化探索里，挖掘民俗故事、传统技艺。通过这些实践，学生将课堂所学的理论知识与实际操作紧密相连，积累宝贵经验。对于高校而言，这一合作模式为人才培养提供了切实可行的途径，为学生的就业打下了坚实的基础。而云上院子在接纳学生实践的过程中，不仅注入了源源不断的年轻活力，还借助院校丰富的教学资源与广泛的影响力，极大地提升了自身品牌的文化内涵与教学价值。同时，我还担任多所高校的兼职教授，带领云上院子的优秀团队走进校园、走进课堂给学生讲述最前沿的实战经验。在校企合作中，乡村旅游的人才问题得到有效解决，云上院子也在行业教育领域成功做强品牌，实现多方共赢。

（五）高端品牌活动纷至沓来，品牌联动发展

云上院子以其独特魅力，吸引了众多高端品牌、社团活动纷至沓来。

云上院子坐落于高高的山冈之上，地理环境得天独厚。远处，山峦连绵起伏，云雾缭绕其间；脚下，是广袤无垠的绿野，微风拂过，送来阵阵草木的清香。其精心打造的星空露营地，更是别具一格。一顶顶洁白的帐篷错落分布，在阳光的照耀下熠熠生辉，与湛蓝的天空相映成趣。夜幕降临，璀璨星空近在咫尺，仿佛触手可及，为人们带来极致浪漫的露营体验。

奔驰、宝马、红旗、比亚迪等一众汽车厂商纷纷相中这片宝地，在此举办新品发布活动与车友会社群活动。活动现场，一辆辆崭新的汽车有序排列，奔驰的优雅流畅，宝马的动感犀利，红旗客户答谢活动庄重尊贵，红旗车的东方韵味与院子乡村美学相融，比亚迪技术体验活动让前沿科技与自然碰撞出火花，环保理念与乡村生态相得益彰。车主们与汽车爱好者们齐聚一堂，孩子们在露营草地上嬉笑玩耍，为活动增添了欢快活泼的氛围。

其他行业品牌也纷纷在云上院子举办活动。中粮集团开展农产品品鉴推广，田园风布置与乡村氛围契合；华为荣耀手机组织新品摄影体验，参与者用手机记录乡村美景，感受强大的拍摄功能；超聚变数字技术有限公司举办技术研讨会；河南中医药大学开展科普活动，在孙思邈曾经采药的地方讲解中医药知识；爱施德通讯器材有限公司举办经销商大会……

对于众多品牌厂商而言，云上院子独特的环境为客户带来了前所未有的品牌体验，而云上院子借助这些高端品牌庞大的客户群体与强大的品牌号召力，成功吸引了海量关注，极大地拓展了客源市场。通过这样的合作，双方实现了优势互补与协同发展，云上院子的知名度与美誉度也随之迈向新的高度。

（六）艺术点亮乡村，艺术家助推品牌建设

云上院子会聚了十多位签约艺术家，涵盖油画家、国画家以及雕塑、陶艺、墙画、音乐、舞蹈等领域，他们或驻地扎根或候鸟式停留，以艺术创作为媒介，为乡村注入独特魅力。艺术家将艺术与乡土风貌巧妙结合，精心设计各类活动，吸引众多客人踊跃参与。

他们还积极投身公益，带领村里的孩子开展丰富多彩的艺术活动，在山林田野间创作大地艺术，让乡村成为艺术的天然舞台。与艺术类高校的师生开展的山野艺术活动，更是让村民也融入艺术氛围，进一步丰富了云上院子的美学内涵。

尤为值得一提的是来自上海的当代艺术家孙宁女士，这位三次登顶珠峰并实现“南北坡双登”的“90后”美女，被誉为“珠峰玫瑰”。她怀着对太行山对云上院子的热爱与支持，2023年带着云上院子品牌标志成功登顶珠峰，在世界之巅展示云上院子的独特形象，这一壮举让云上院子成为全球唯一登顶珠峰的民宿品牌，极大提升了品牌的知名度与美誉度。艺术家们以才华与热情，为云上院子打造出独一无二的艺术名片，让乡村与艺术深度融合，助推品牌迈向新高度，吸引着更多游客前来探寻美学民宿带动艺术乡村的魅力。

通过以上多种途径，云上院子成功打造具有广泛影响力与独特魅力的品牌，成为乡村文旅领域的标杆典范。

六、项目成效：从废弃空心村到美丽乡村

（一）提升金陵坡美誉度

云上院子自建成以来，凭借其独具匠心的设计理念与优质服务，在业界崭露头角，接连斩获多项殊荣，引得央媒及地方媒体竞相报道，一跃成为乡村振兴领域熠熠生辉的亮丽名片，知名度与影响力持续火热增长。随着品牌影响力节节攀升，大量游客慕名而来，为当地旅游经济注入了强劲动力，旅游收入实现显著增长。不仅如此，

其辐射带动作用显著，周边地区的餐饮、零售等行业也顺势蓬勃发展。更值得一提的是，云上院子民宿的开发，为区域环境的完善带来了新契机。政府以此为依托，大力打造金陵坡美丽乡村，完善基础设施，整治乡村风貌。如今，金陵坡道路实现美化亮化绿化，乡村环境焕然一新，成功吸引了更多投资与人才，为乡村的可持续发展源源不断地注入新动力。

（二）带动乡村发展的显著成果

1. 旅游带动经济增长

运营以来，每年吸引大量游客，带动民宿收入增加，促进当地农产品销售、餐饮等产业发展，如当地山核桃、野山药、番茄、土鸡蛋销量大增，为村民带来可观收入。周边建起了农业观光采摘园，当地荒芜梯田耕地得到重新利用，提高土地、产业附加值；发展乡村电商，拓宽农产品销售渠道，让更多的人品尝到当地的特色农产品。

2. 人才培养与素质提升

为村民提供培训机会，培养新农人，许多村民从传统农民转变为旅游服务从业者，经济收益增加，素质和能力也得到提升。相关部门开设职业技能培训班，为村民提供系统的培训课程，涵盖旅游服务、农业技术、传统工匠、电商运营等多个领域。同时，组织村民到其他优秀的乡村旅游地参观学习，拓宽了他们的视野，提升了能力。

3. 完善乡村基础设施

政府投资修建打通云台山景区和金陵坡村的高山旅游公路“天路”，改善交通，方便游客和村民。同时，水、电、通信等基础设施全面提升，为乡村可持续发展奠定基础。在完善基础设施的基础上，建设智能乡村系统、亮化工程、新能源充电桩、环境监测、垃圾处理系统，实现乡村管理的现代化，提高乡村的生活质量和管理效率。

七、行业启示：乡村文旅的坚守与思考

（一）内容为王的核心竞争力

乡村文旅发展要注重真实生活场景和文化内涵。坚持在地文化和乡村故事的挖掘，把文化故事变成看得见摸得着的旅游产品，保留特色设施，打造文化场所，举办活动，满足游客对乡村生活的向往。不断丰富乡村文旅的内容，推出更多具有特色的体验项目，如乡村音乐节、民俗文化节、自然研学、户外运动等，吸引更多游客。同时，注重内容的品质和创新，不断提升游客的体验感。

（二）运营前置的重要性

项目动工前构建会员社群，实施“乡村共建人计划、艺术家驻留计划、新农人计划”，让城市精英参与项目建设和运营，提供资金支持，提出宝贵建议，积累人气和口碑，体现运营前置的重要性。在项目规划阶段，就制订详细的运营方案，明确市场定位、产品设计、营销策略等。同时，加强与潜在客户的沟通和互动，提前了解市场需求，开展项目路演会、发布会，为项目的成功运营奠定基础。

（三）构建城乡互动的两支人才队伍

一方面，充分挖掘和用好当地人才。他们对当地的风土人情、民俗文化有着深刻且天然的理解，这是民宿发展不可或缺的宝贵财

富。因此，民宿项目积极开展针对当地人的培训，涵盖服务礼仪、客房管理、餐饮制作等多方面内容，提升他们的专业素养，让其能够在民宿经营的各个环节发光发热，实现乡村人就近工作，既增加了收入，又能守着家乡。

另一方面，积极引入城市的专业设计与营销人才。这些来自城市的专业人士，带来前沿的设计理念，能将当地的乡村特色与现代审美巧妙融合，打造出更具有吸引力的民宿空间。同时，凭借其丰富的营销经验，利用线上线下多种渠道，将乡村民宿的独特魅力精准推向市场，让更多人知晓并向往。实现了城里工作、乡村居住的良性互动，为乡村旅游的长远发展筑牢根基。

八、结语

云上院子民宿的成功实践表明，用美学设计重构废弃乡村，是对乡村文明的传承与创新。在众多乡村建筑遗产面临消亡的背景下，文旅行业责任重大。期待更多人加入，共同探索乡村振兴新路径，让中国乡村成为世界级生活美学目的地。正如云上院子门前石刻所写："石不言，自有山河见证；云常在，且看匠心归来。"在云上院子民宿成功实践的影响下，乡建设计师们会一直用匠心守护乡村记忆，用创新点亮乡村未来。

彭志华

云上院子主理人、总设计师

开篇语：

我国文旅产业历经多年发展，积累了规模庞大的存量资产，部分资产因市场变化、产品迭代等因素陷入闲置或低效运营困境。当下，盘活文旅存量资产成为行业发展的重要议题。如何挖掘存量资产的潜力，实现创造性盘活？唐山宴、大连熊洞街和云台山·云上院子等，都是经过改造重焕生机，成为市场上更具创新性与吸引力的产品，为行业提供了很好的探索和借鉴。

主持人：

曾博伟　中国旅游协会休闲度假分会副会长，北京联合大学中国旅游经济与政策研究中心主任、教授

嘉　宾：

王德刚　中国旅游协会副会长，山东省旅游行业协会会长，山东大学旅游产业研究院院长、教授，文化和旅游部理论研究基地首席专家

高舜礼　中国社会科学院旅游研究中心特约研究员，中国旅游报社前总编辑、社长

华晓宁　无锡灵山文化旅游集团董事长

邹林丰　中国文化娱乐行业协会智慧旅游沉浸式专业委员会副主任，中国游艺机游乐园协会文商旅专业委员会副主任，陕西省民宿协会会长，陕西文化旅游股份有限公司董事长

圆桌论坛（一）

文旅存量资产的创造性盘活

曾博伟（主持人）：我们的三位演讲嘉宾讨论的都是一个主题，文旅存量资产的创新性盘活。我看了一下这次 7 个推介案例中有 3 个都是这样的案例，说明这个事情是非常重要的。我们回溯一下第四届“中国服务”也有一个推介的案例是陈向宏总操盘的乌江寨，也是文旅资产盘活的经典案例。其实我们今天上午的题目应该稍微再修正一些，我觉得不是一个单纯的“文旅存量资产的创新性盘活”，更多的是“文旅创新性盘活存量资产”，我看三个案例里面包括云上院子是盘活乡村校舍的案例，熊洞街是盘活了废弃工厂的案例，唐山宴是盘活传统的商业设施的案例，这意味着我们盘活了一、二、三产业，不仅是文旅自身的存量资产，还是用文旅盘活别的存量资产，这不仅对文化旅游有意义，同时对整个社会经济发展都有非常重要的意义。

我们今天的四位嘉宾中有两位是学界代表，两位是业界代表，组合非常强大。

我的第一个问题想抛给王德刚教授，王教授是中国旅游协会的副会长，也一直在做理论研究，请王教授来谈谈存量资产盘活现在为什么成了热点？

王德刚：盘活存量资产已经成为旅游业发展的当代之问，我们可以把盘活存量资产分为两个层次：一是盘活旅游业内的存量资产，二是通过发展旅游盘活社会资产。二者针对的对象不同。我们今天开的是旅游创新大会，更多要谈业内的事，即探讨一下如何盘活旅游业内的存量资产。盘活存量资产为什么会成为旅游业发展的当代之问。我们先看一组数据：全国的星级饭店目前有6000多家，疫情之前是8920家，运营效率是怎么样的呢？2018年的时候全国星级饭店客房平均出住率是56.18%，2019年是56.7%，2023年市场恢复正常化之后是50.69%，2024年上半年，第一季度51.51%，第二季度50.02%。大家都看出来了，我们当前旅游业内的很多资产有些是在闲置状态，有些是在低效运营状态，所以盘活存量资产有两个概念，一是闲置，二是低效运营，这是我们当前最重要的任务之一。旅游业的发展会出现这种状态，取决于两个方面的原因：

一是旅游业本身发展的阶段性特征。中国旅游业经过45年的发展，第一代的产品基本上已经老化了，无论是景区、酒店，还是其他的业态，基本都一样。但是我们的市场已经迭代了，由过去的

“50后”“60后”“70后”为主体，变成了现在“80后”“90后”“00后”为主体，市场迭代，但是产品没有迭代。我们很多产品已经没法适应今天新市场的新需求，所以处于低效运营状态也是必然的。2024年我们业内特别是旅游企业，见面经常说今年市场挺好，但是“旺丁不旺财”。其实我对“旺丁不旺财”这种说法不太认可，根源是我们的产品没做好，我们的产品无法适应今天市场的需求，我们要从自身找原因，不要从市场上找原因，客单价卖不上去是我们自己的产品老化造成的。从一定意义上说，只有疲软的产品，没有疲软的市场。

二是三年疫情对旅游企业的影响，虽然已经恢复常态化将近两年了，但疫情影响的长尾效应仍在制约我们旅游企业的发展——企业的投资能力、生产能力、服务能力、创新能力需要很长时间才能够恢复。我们经常会讲旅游业恢复到2019年的什么状态，其实我觉得市场的复苏与旅游企业的生产能力、投资能力、服务能力的恢复是两个不同的概念。市场的复苏一年就能够基本完成，两年走向繁荣，也就是市场规模超过2019年的水平。已有领导讲了，2024年旅游市场规模能够全面超过2019年，这是市场的数据，但是并不代表我们行业的复苏，行业的复苏主要是指旅游企业的投资、市场、服务和创新能力，要恢复到2019年可能要3~5年，甚至更长的时间，所以许多资产处于低效运营状态就是必然的。许多企业已经认识到自己的产品与市场脱节等问题，但由于上述的原因无法实现升级换代。在这样的状态下，很多的业态已经沦落为旅游业的落后产能，所以盘活是必然的，正因为这样，我们当前业内特别关心大量低效运营的资产如何激活、盘活，之所以能够成为旅游发展的当代之问，我们有更多的人关心关注盘活存量资产，并且更多地用我们旅游人的热情去共同参与，给盘活资产找到一个解决方案。

曾博伟（主持人）：下面请灵山集团的华晓宁，华总一直在一线做文旅投资运营，接触了很多的案例，希望您能从实践的角度谈谈怎么看待我们文旅或者相关领域低效无效资产的问题，表现在什么地方？

华晓宁：谢谢主持人。多年以来我们灵山主要是做自己的产品，“埋头干活”，确实对其他的文旅资产关注度不是那么高。这几年我们也接触了一些需求方，邀请我们对存量资产共同运营。坦率地说，往往打算委托第三方来操盘的这些文旅资产多少是有一些问题。我讲几个方面：

一是在错误的时间、错误的地点做了错误的产品。“错误的时间”，就比如说当年中华锦绣园是非常火的，因为那时候很少人出过国，所以这样的景区推出来确实很受欢迎，另外也位于深圳，作为当地来说没有特别优质的旅游资源，相当于一个（旅游的）“漏斗”（到了深圳都要去下）。过了很多年再做这类产品就是过时了，也有过类似的产品，曾经火过一段时间，现在那里变成开放式公园了，因为我所在的城市收门票已经没有人去了。

二是“一招鲜，吃遍天”，一次性投入，希望一劳永逸，缺少产品创新和内容的迭代，而这个时代在变，我们的游客在变、审美情趣也在变化。所以有一位嘉宾说的一句话我很赞同，“唯一不变的是一直在变”。

三是简单模仿，照搬照抄，千人一面。我们灵山拈花湾小镇起来以后，确实在全国冒出来好几个几乎是一模一样的景区，这些产品从外形来讲，就是把图纸拿过去重新建一个，但是市场的反响并不乐观，所以不是说简单地照搬就能够有效。

四是长期不投入，设备老旧、设施老旧，特别是服务理念老旧，造成了游客越来越少，收入就越来越少，也就越不愿意投入，游客也就越来越少，陷入了恶性循环。

五是很多地方景区的体制机制市场化程度低，往往有的时候政企不分，吸引不到优秀的市场管理团队。

曾博伟（主持人）：非常全面，您讲了五点，一般领导只讲三点。我觉得华总说的有两个方面很重要，有主观的原因，投资不当、决策的问题，当然也有客观的原因，市场在变化，你想用一成不变的东西去对应变化的市场肯定是不行的，所以存量资产既是当下很突出的问题，又是我们未来会持续面对的问题。再次感谢华总的分享！

下面请业界的代表邹林丰总，陕西文化旅游股份有限公司的董事长，企业的名气没有这么大，但邹总做的项目名气很大，长安十二时辰主题街区就是很典型的盘活存量资产的项目，把经营不善的商场做成了经典的文商旅产品，邹总在具体操盘中肯定有很多体会，请结合地方的案例讲讲你们怎么遇到这样的案子，商场怎么会找到你们的，他们有什么需求，提供什么条件，未来包括灵山集团和其他企业参与盘活资产的时候可能也会遇到这些问题，请邹总做一个简单的分享。

邹林丰：首先这个项目，物业是我们自己的，所以我们当时做这个项目也是一个命题作文，就是要盘活我们自己的商场。长安十二时辰从2022年开业到现在，我印象中有400多家地市或者传统商业业主来找我们，希望能把长安十二时辰引到他们那边去。但是在过去3年的时间里面，我们更多的是在总结整理，希望可以把长安十二时辰这种经验和模式总结成管理的方式。到2024年，我们正式开始和很多地方探讨走出去的可能性，选择核心商圈与文旅地标，布局全国范围内品牌输出，目前已经陆续在上海、广州、杭州、武汉、济南等地实现项目突破。

其实刚才主持人问到的需求就是在遇到了这么多来找我们的业主方之后，我觉得他们的需求其实是非常统一的，就是希望可以把他们原来手上的资产进行整体盘活。

再简单一点的就是能不能把长安十二时辰复制一个放到我们那里，或者说是能不能告诉一个商场怎么可以收门票，其实就是想要把资产进行盘活。我觉得其实他们提供的这些条件有几点是非常重要的。

第一，文化重构就是在于初心。所有的项目在立项之初、策略之初的时候，没有一个项目方会希望它未来变成经营不善的项目，所以一定要有自己的初心。我们在和合作方或者找我们来合作的资产方在谈的时候，最先要了解的是他们的初心，这是在做文化重构，要对一个项目重新盘活，最重要的是对文化的重构。

第二，非常明确的目的性。这其实是一个商业重构，所有的不良项目或者说经营不善的项目其实都有潜在的商业价值，需要我们进行挖掘，同时结合我们操盘的经验把它和我们现代人消费的习惯结合起来，所以说很多传统的商业、室内街区都有潜在价值，我们要做的是和业主方一起复盘商业模式，在这个过程中他们需要提供他们最早策划项目的时候认为的潜在商业价值。

第三，充分的信任，大家要共同对一个项目进行重构或者商业重构、文化重构，大家一定要同频共振。最主要的是先要感动我们自己，未来我们才能感动消费者，感动外来的游客，所以这三个方面是非常重要的。

曾博伟（主持人）：邹总分享的三个方面非常重要，不仅是对项目存量资产的需求方，还是对盘活存量资产的供给方来说都非常重要，每个存量资产的凤凰涅槃都是对彼此需求的精准对接，我们要做一个精品需要在前期做很多的重要准备，再次感谢邹总的分享！

下面有请专家高舜礼社长！以前一直在原国家旅游局工作，一直做很多的行业研究。存量资产盘活对于资产方来说可能是比较痛苦的过程，对其他的文旅人来说还是机遇，因为这里面有很多可以重新挖掘的商机，可以重新找到盈利点，虽然这里面有机遇，但是肯定也不是这么容易，我想请高社长谈谈这里面的机遇和问题。

高舜礼：我认为在这项工作面前，与其说有什么“机遇”，倒不如说“必要性”“紧迫性”更好些。哪里有明摆着的机遇？我想，可从几方面谈一下这个话题：

第一，很多的闲置低效文旅项目，总体看最初决定上项目时，在发展观、政绩观和市场观上是有问题的。旅游要发挥五个方面的功能，一是服务美好生活，二是经济功能，还有诸多别的功能。从大的方面说，应该领会和把握这些理念。

第二，“盘活旅游闲置项目”是国务院的要求。2023年国务院办公厅印发《关于释放旅游消费潜力推动旅游业高质量发展的若干措施》，提出盘活旅游闲置项目。这些项目在旅游存量资产中，属于盘活难度最大的，很多是低效或无效的，作为各级政府和行业主管部门应该好好地去贯彻。

第三，更好满足人民群众日益增长的旅游需求。进入21世纪，国家经济实力不断增强，旅游消费成为国民生活的必需品，也成为各级政府必须重视解决的民生问题。渠道无非是两个方面：一是增加有效的增量；二是盘活闲置的存量。只有使之对应游客需求，才能成为有效的市场供给。

第四，当前盘活旅游存量可谓恰逢其时。疫情之后，百业正兴，需求渐旺。旅游市场处于快速恢复当中，各层级客源对旅游供给都有较旺的需求，若一定要说盘活“机遇”，这可谓机不可失。

第五，闲置低效项目越放越贬值。这一点与文物古董恰恰相反。立即去盘活，还变点现；放得久了就会朽烂，最后就是一堆垃圾。

至于盘活存量资产和闲置项目的困难，主要有四个方面：

一是数量很大。刚才王德刚教授所讲的旅游存量是宏观和整体性的，说到存量中的闲置低效无效项目，量也是很大的。贵州省在盘活旅游闲置项目时，2021 年通过全省性的摸排和筛选，最后确定由省里督办的盘活项目达 218 项，每个项目的投资都不小。如果以这种做法把全国文旅闲置项目筛选一遍，估计这个总量也是极其可观的。

二是情况非常复杂。就进度而言，有些低效闲置项目建了一半放在那里，也有一些开工不久停了，还有的建成运营了因低效而“搁车”；就内里的情况而言也很复杂，有的触碰了土地红线，我现场就看过这样的项目，还有的资金链断裂了，还有的是债权债务纠纷，还有的是策划创意原本落后，也有一些属于“新官不理旧账”。

三是缺乏盘活所需的资金。这是全行业的普遍情况，缺乏盘活经费和后续投入的资金。由于有了闲置的“前科”，银行和金融机构对放贷都有很高的警惕性，市场化融资的渠道就淤塞了。有的市县领导很想盘活闲置项目，但由于该项目早已抵押过，便连举债的资格都没了。

四是把“夹生饭”项目炒熟有技术难度。这个活儿本身就很难干，就如同把旗袍改成大褂儿；说到底，远不如新上一个项目好搞，甚至令人望而生畏。

曾博伟（主持人）：事情很重要，但是要做起来也挺不容易。我主要是从怎么样看这样的现象来讨论。第二轮重点围绕怎么样去盘活存量资产，从刚才几个案例包括其他案例中，想请王德刚教授谈谈盘活存量资产的核心要做对什么事情？

王德刚： 段强会长总结案例的总体情况的时候讲了几个关键性概念：混搭、唯美、震撼。混搭是手段，唯美是追求，震撼是效果。邱总说只有文化是永远不会被淘汰的，很有道理。前面三个案例我们看到了文化赋能、科技赋能、资本赋能的力量。云上院子，文化赋能，用乡村美学对乡村民宿进行重新定义，使其更具有特色，更有吸引力；唐山宴，我们看到了融合赋能的力量，将非物质文化遗产的展示展演与餐饮服务有机结合，打造文化餐饮体验新场景，也创造了传统餐饮业发展的新范式；熊洞街，我们看到了科技的力量，熊北北，可以说是一个科技网红。

如果要从理论上梳理的话，可以这样概括：用文化打造场景、用科技激活产品，用新资本激活旧资产。当然还有很多必要的因素。文化、科技给我们提供的是共同的条件，我们都在这个大的生态下，为什么你能盘活，别人不能盘活，这里面有什么秘密？有我们以人为载体的创新和高端策划的作用，也就是策划创新的赋能。同时，我想说资本是长眼睛的，如果我们能够有效地运用这些手段，能够通过策略在新产品、新业态的打造上出新的话，我想长着眼睛的资本就会找到你，盘活就会有希望！

我们许多运营了十几年的酒店、几十年的景区，在面对今天新市场、新需求的情况下，产品和服务没有任何改变，一些旅行社把疫情之前的产品又重新拿出来在市场售卖，要么量上不去，要么量上去了客单价却下降了。所以，在一定意义上说，我们盘活存量资产，就是要盘活旅游产业里的那些落后产能。让文化赋能、科技赋能、融合赋能、策划赋能，为企业发展找到一条新路径，让长了眼睛的资本能够看到我们。

曾博伟（主持人）：谢谢王德刚教授！您刚才讲的文化、科技、资本，包括段强会长说的其实都是我们要在盘活存量资产中应该把握的关键性问题，当然不限于此，还有邱总讲的运营、人才，也是系统工程，我们要解决这些系统工程首先要解决核心问题。再次感谢王德刚教授的分享。

下面还是想请灵山集团的华总谈谈，您肯定也看过很多的盘活案例或者作品，想请我们华总从实践的角度分享一下你的体会。

华晓宁：刚刚讲的低效、无效的资产，其实造成的原因很多，各有各的情况，没有灵丹妙药，需要一事一议、综合施策，我谈几点想法，抛砖引玉。

第一，要找对人，我说的“人”不光是单独的个体，还有我们的团队，比如设计团队，刚刚我们嘉宾介绍的云上院子，就是设计师来参与，如果不是有这群有情怀，能够全身心投入的人，是做不好的。所以（一个文旅项目）需要各种团队的加入，特别是操盘手、核心的人物，要把各种资源、各种队伍能够整合起来，具备这样的能力。我们当时建梵宫，起初设计师不了解佛教文化，佛教专家不会设计，就需要我们业主团队把他们整合在一起，要做出决策、选择、判断，“七分靠主人，三分靠匠人”，最终是要管理团队、业主团队来把各种资源整合好。

第二，要找准定位，这包括两方面：一方面是文旅资产的自身定位。要从我们的实际出发，具体问题具体分析，不提不切实际的口号，如果我们不具备世界级的资源，我们却要做世界级的文旅产品，这是不现实的，还是要从每个资产的情况出发。另一方面是目标人群的定位，产品出来以后到底是“卖给谁”的，吸引谁来，从而打造什么样的产品，然后再来考虑怎么来“卖产品”。刚刚讲的几个案例对人群的定位还是比较精准的。

第三，要挖掘文化。大家都讲了文化和旅游都是融合在一起的，旅游离不开文化，刚刚我们看到“唐山宴”的例子就是挖掘在地文化并和现代商业模式融合在一起取得成功。挖掘文化的目的就是要做到“人无我有、人有我优、人优我特、人特我奇”，有自己的鲜明特色，文化主题增加了辨识度。我们文旅行业坦率地讲是一个竞争行业，城市和城市在竞争，景区和景区也是有竞争的。如何在竞争当中脱颖而出，首先是要有辨识度，其次是要高举文化大旗。同时文化又延长了产品线、扩大了产业链，把文化转化成内容、场景、业态和产品。

第四，要加快转型，从单纯收门票转向综合消费，从传统行业向现代服务业转变，从劳动密集型向数智化转型，从单一产品向多样化、个性化、品质化转型，现在游客的要求是要吃好、玩好、体验好，对品质的要求越来越高。

第五，还是完善机制。很多文旅项目资产很重，还是要进一步优化股权结构，减轻负担，另外我认为要理顺管理体制，引进复合型人才，专业化、职业化、市场化的人才。

第六，要舍得投入，最终还是要有必要的投入。一旦我们认清了、想清楚了，我们把模式考虑清楚了，我们要大胆地投入，有投入才有回报。

曾博伟（主持人）：谢谢华总的真知灼见，怎么看提了五点，怎么做提了六点，确实对于我们下一步盘活存量资产会很有启发。

下面请业界的代表邹总，大家知道长安十二时辰是一个成功的项目，盘活长安十二时辰商场项目中，我相信你有很多的体会，想听听你有什么特别想跟大家分享的经验，包括你踩的坑也可以和大家分享一下。

邹林丰：我觉得有时候盘活存量项目比做一个新项目要难更多。长安十二时辰经过这三年的发展，我们在做一个全新的二期项目叫“倾城之喜”，围绕公主大婚这个唐文化故事，将主题由一期“市井烟火”延伸至二期“浪漫爱情”。“倾城之喜”项目不仅深度承袭一期沉浸式体验精髓，也将实现主题、体量、演艺与业态的四重提升。

二期我们选址传统商业体新乐汇，对其进行主题改造。我们不仅是盘活存量，同时还要超越原有的长安十二时辰。我们一定要因地制宜，长安十二时辰之所以火，在地的文化性和西安旅游属性以及历史文化的厚重性是结合得非常完美的。如果要在外地做一定要结合当地的文化属性去做，我们能输出的是为当地文化属性加上我们街区现有的一套管理运营模式。

第一，一定要因地制宜，而不是简单复制。很多存量资产方追求快速盘活会想要简单的复制现有项目，但没有考虑因地制宜，其实有效的资产盘活是要在每个地方都创新打造一个不一样的文商旅项目。

第二，我们项目在最开始就充分考虑到互联网的传播和年轻消费者的习惯，非常注重场景化和 IP 化。场景化能够帮助项目快速在互联网上得到病毒式的传播，IP 化可以帮助项目大大减少沟通和介绍的成本。

第三,一定要以消费为目的，但是要以人为本打造场景。消费为目的很明确，我们做的重构或者新项目是要挣钱的，不是在做公益，挣钱才能让一个项目持续健康地发展下去。同时以人为本就是一定要为游客创造一个专属记忆、一段独家经历、一次不可复制的体验，从场景和内容中，延伸出许多可供消费的，具有极高审美价值、文化价值与情感价值的旅游产品。

第四，持续的创新和精细化的管理是至关重要的，项目成功问世只是万里长征的第一步，进入常态化运营才是考验运营方基本功的真正开始。看到熊洞街的造节，有节我们过节，没节造节，其实就是在创新，不停地创造新的营销话题、主题活动，吸引大家新的关注。所以，持续的创新性和精细化管理是一个项目可以长红的核心关键。

曾博伟（主持人）：谢谢邹总，文旅行业是一个体验经济，要做出好的体验，确实要把文化、IP 做出差异，有时候创新不仅是和竞争对手比，有时候要和自己比，要超越自己。如果你做得不好了，我们的长安十二时辰也可能会成为未来的存量资产，所以这是永恒的主题，不断地有创新意识，这是我们文旅人应该有的精气神，感谢邹总的分享。

最后一个问题还是留给我们的高舜礼社长，高舜礼社长以前一直在做政策研究方面的工作。文旅资产的盘活除了企业方参与以外，这样的系统工程肯定离不开我们的政府指导和支持。这里面有一些好的政策可能也是很重要的，想请高舜礼社长从政策维度做一些分享，怎么样提一些好的政策建议，让政府来支持我们做这样的事情。

高舜礼：解决闲置低效项目的盘活难题，想从政策上借力和助力，这是非常可以理解的。我翻阅了近些年的一些政策法规，似乎从国家和行业层面来看，没有给盘活旅游闲置项目“量身定制”的专项政策；但从指导性、导向性、宏观性的政策来说，还是有若干可以援引的，但需要探讨和实践怎么运用、怎么实施才走得通。另外，个别省市的一些具体做法，也是可以去借鉴和学习的。

一是领会和贯彻好国家现有支持政策。譬如，国务院办公厅印发《关于释放旅游消费潜力推动旅游业高质量发展的若干措施》提出，用好各类财政、金融、投资政策，支持旅游企业盘活存量旅游项目与存量旅游资产（第 8 条），就是国家的大政方针。具体来说，文件第 26 条、第 27 条、第 28 条以及国发〔2024〕18 号文件的第 18 条，涉及强化政策保障、拓宽融资渠道、加强用地保障、加强财政金融支持等，都可以在探索和实践中，把这些导向性政策用于指导和推动盘活工作。

二是借鉴省级先行者的探索经验。贵州省 2021 年以来开展的盘活旅游闲置低效项目的探索，出台了大力实施盘活闲置低效旅游项目攻坚行动方案，确定“续、转、提、关”4 种处置方式，也就是分类处置的办法，即持续、继续，转型、转变，提升、提高，关闭、关停。也还有一系列的配套的政策和方案，这些都是很有现实参考意义的。

三是从具体案例中汲取好的做法。比如，浙江省湖州市吴兴区的长颈鹿庄园是疫情期间开业的，至今接待游客量持续兴旺，它开发的基础就是一处废弃的待盘活项目，当地政府邀请金洲集团下属的湄公河旅游集团前去开发。再如，上海金山区的漕泾镇的“理想村”是乡伴集团开发的，因为受疫情影响比较大，当地采取将一些旅游项目“公建民运”，这便大大减轻了开发企业的负担，避免了文旅项目沦为闲置低效状态。

此外，除了这些政策层面的探索和借鉴，要真正把低效闲置项目大规模盘活，还要发挥行业主管部门和各级党委、政府的统筹决策作用，只有像贵州省这样做，才能成批量地解决存量问题，否则猴年马月也难以见到多大成效。

其中，在盘活存量、甩掉低效中，注意发挥专家团队的专业智慧是必不可少的。那些文旅项目为何低效闲置？不是决策的领导级别不高或审批程序缺失，而是在关乎市场配置资源的过程中，忽略了必不可少的市场调研和专业论证环节，才预埋了一颗“定时炸弹”

或“癌细胞”。在“死马当活马医”的盘活过程中，加强调研、咨询、论证这个环节，是必须认真补课的。当然，受邀咨询和顾问的专家，不应是社会“泛称”或“自称”的专家，而是真正有专业素养和职业道德的，也要吸纳有实操经验、有现实作品的企业家加入其中，否则盘活便很可能流于形式，其结果将要比闲置状态更为严重和恶劣。

曾博伟（主持人）：谢谢高舜礼社长的分享！其实我们以前有好多政策不见得是针对文旅的，但我们是可以借鉴的，比如说中央提出的“退二进三”有一些废弃的工厂转型做文旅项目都是这样的政策。其实有企业的参与、政府更加精准的政策支持，这样的事业就可以更好地去发展。

在此感谢四位嘉宾的分享！我们今天的话题只是一个初步的开始，无论是今天分享的三个案例，还是在这个领域的实践，其实都给我们这个领域提供了很好的借鉴或者方向，通过我们的努力可以真正地从粗放到集约，从化腐朽为神奇再到变存量为增量，这不仅是我们今天应该讨论的，这是我们在未来应该持续关注的话题。

专家点评：杜一力

听几位年轻的业者介绍典型案例时，感受到激动和振奋；在听专家们理性深入思考的时候，又感到几分凝重。我们面对的是一个从未经历过的“转型的新文旅时代”，前 20~30 年的重磅项目大投入的时代一去不复返了，当下文旅的发展模式变了，消费模式变了，各方面对旅游的要求和期待也变了。专家们说社会有那么多的存量资产希望通过旅游去拉动和盘活，同时旅游也有那么多的存量资产和低效资产需要我们提升和激活。我们聚焦的这些问题，做出的这些探索，都在回答：在一个“转型的新文旅时代”，怎么干才能符合新质生产力的发展方向，怎么干才能证明我们正走在新质生产力发展的路上？我们应该拿什么支撑文旅人的自豪和信仰？大家都在思考。

每次召开“中国服务”·旅游产品创新大会都会带来新的惊喜。创新大会推出的案例都很实在很深入，都能从某个角度代表着行业发展的趋势动向，可以从中吸取经验和力量。今天讲到的前三个案例也很令人欣喜。这三个项目投资都不大，经济效益和社会效益却相当棒。唐山宴项目，投资不大，一个普通的文商旅项目，年均接待量能达到500万人，相当好的成绩；熊洞街影响力很大，年均接待量也能够达到150万人；云上院子是一个只有13间客房的小项目，住宿客人有限，但前来参观的游客达到了16万人。庙小香火旺，一定有神明。他们的经验可以一读再读。

案例的发布者共同的解读是尊重需求理解需求，这很基础也是案例项目成功的“明灯”。三位案例分享者对需求的分析都很深入，也在自己的项目中做了“体验式”“沉浸式”“场景化”的提升，当下所有项目都在进行这样的提升，或者贴这样的流行标签。但是我觉得这个解读还是过于表层。体验、沉浸、场景难道不应该是旅游产品的基本要素、基本特征吗？无沉浸不旅游、无体验不旅游、无场景不旅游，没有体验、沉浸和场景，旅游产品还怎么存在？社会和行业普遍把这些必要的要素作为当前的创新，那就说此前旅游产品存在一些共同的弊病，突出的就是产品的空洞、直白、概念化，“无趣”“无温度”“知识和观点的展陈”，“师味儿”很重。不是因为当时做旅游的人不懂，而是当时的背景不同，项目目标不同。前一个时期我们的驱动力主要来自投资，文旅项目主要是为大的城市建设和基础设施的投资配套。投资驱动需要大项目包装，需要大马力大马赫，于是纯粹的旅游项目从几亿元、十几亿元，变为综合性旅游项目的百亿元、几百亿元。开始我们对这样的大项目是怀疑的，被镇住了。深入其中却发现，这么大的项目有自身逻辑，实际上是城镇化建设、基础设施发展过程中，对旅游拉动作用的扩大化使用，所以包装旅游项目实际上是城市建设的组成部分。“大项目”符合综合发展的逻辑，但是在推动城市和旅游发展的同时也留下了产品上共同存在的问题，就是前面说的“空洞”“直白”“概念化”。几百亿元的项目不得拉一个很大的框架吗，不得布局一个很大的空间结构，弄一个很宏大的主题吗。在大投资时代，我们自然就形成宏大叙事的风格、气势恢宏的美学追求，但是具体业态、具体场景很难支撑，于是存量资产无一例外，都是那种“空间空空荡荡，内容空空洞洞”的大项目遗骸。

不管愿意不愿意，时代背景变了，旅游产品必须转型了。这次发布的案例，行业转型体现得很充分。转型中的新文旅，必须回到需求引导下的产品开发上来，回归需求的逻辑、尊重需求的规律。我想这是我们现在转型中的一个突出特征。因此，用旅游产品的一般规律来解读新的旅游产品是必需的，但是还要更深入更精准去发现创新贡献点和真正的创新价值，所以可以从多方面对这些新案例进行再解读。刚才专家们从政策层面、经营管理和产品实操层面进行了再解读，我想从旅游业发展的方向上再解读。我认为这些案例产品不仅是提供体验、沉浸、场景，而且他们提供了别样的体验、别样的沉浸方式和更独特的场景，这是他们值得研究的东西。

关于唐山宴案例。案例总结说唐山宴提供了真实的“唐山生活”，做好了唐山本土文化。像唐山这样的本土文化每个地方都会有。规律性的问题是，自然状态下的本土文化怎么产品化？怎么让它在闭环的状态下，能够感受到生活的真实，而不是商业的包装。我们做全域旅游，做目的地城市，都强调本土文化的底色和真实性，强调自然状态的社区体验和生活体验，但是在闭环的项目中用自然状态来呈现本土文化的话，必然势如白水，很健康，但是没有度数，不能在短时间触及旅游者的心灵。唐山宴好就好在提供了真实的生活，同时这个真实的生活是浓缩版、增强版、集中版，项目创造者的功底在于“萃取”。从他们的 1.0 版一直到 4.0 版，不断萃取唐山文化之精粹。为此，踏踏实实，从细小做起，下真功夫。他们的主要业态都是亲自打造亲自经营，这就从商业经营蜕变成了文旅创造。商业项目的基本模式是“做场”和招商，有明确的主题并且所有的业态靠自己做，让他们成功的是这些萃取和创造，这是文旅产品的创造。

唐山宴还有一个很好的市场切入点，就是“主客共享”。“主客共享”原本是发展理念，与“和谐发展”“绿色发展”一样，是原则和理念。但是唐山宴把它做成了市场的切入点。本地人喜欢“宴”，外地人喜欢唐山宴，本地人喜欢邀请外地人一起唐山宴。在唐山宴项目中，唐山文化的有趣，唐山宴的宾客皆乐，唐山人的自豪感，都是满满的。这是项目，话题感很强，社交性能很强，把主客共享这样的理念变成了市场的切入点，切准了市场，还变成了唐山文化的展示平台。

这里想多说一句。这几个项目都有复制的考虑和安排，我建议扩张要谨慎。本土文化的成功主要是在萃取上，一旦进入工业化的复制，如何保证对各地的文化如对自己家乡本土文化的深度、厚度的把握和情怀。旅游行业那么多的案例，比如说袁家村，从土地里长出来的那一版确实非常好，满了生命力，但是没有一个复制品能达到袁家村本村那样的水平和效果。本土文化产品的复制，到底复制的是什么，这是一个要深入研究的问题。

关于熊洞街的创新意义。刚才博涛一再说他们的机甲巨兽成了大连城市特色，成为工业文化符号。熊洞街的意义不是地方性的，而是时代性的。当前的时代，在信息科技和互联网科技尤其是AI人工智能的催动下，生产力正在发生翻天覆地的变化，文化科技领域也是。科幻产品、科技产品、科学艺术产品将是未来十年甚或百年世界旅游产业都会追捧的主体产品。谁在主宰这个未来主体产品？前工业时期代表性的主体产品是迪士尼主导的，迪士尼世界是机械工业、电影工业的典型产物，100年的繁荣迎来了迭代的关键期，数字工业时期的科幻技术、科技产品和科学艺术产品会不会诞生全新价值的娱乐IP，会不会丰富和迭代“主题乐园”的娱乐方式？科技产品突破的基础已经具备了，等待超越者的到来。

回到熊洞街。机甲怪兽和科幻萌宠不光是赛博朋克、蒸汽朋克和其他过去时代的反映，更有未来感、科技感和想象空间，也可以是未来产品的雏形或者起点。一切产品都在和AI结合，这种机械巨兽和AI的结合也是必然，AI能量的无限可能和机器人世界的飞快发展，变出什么新物种真的不好说。你看宇树科技王兴兴的机器人已经相当有趣了，让他的系列机器人分设 IP，演绎故事，做个专门景区都没有问题。当熊洞街的机甲怪兽形成家族和系列，与 AI 技术结合跃升，中国的科幻旅游产品会不会开辟一个新类型，形成一支“特种兵”？不是没可能。

又说回各类产品“复制”的特殊性。如果定位于机械产品，再版复制是想都不用想的商业模式，博涛也在谈扩张和复制。但是如果博涛定位于开发一个新的产品类型，那就是要打造一个 IP 系列或者是 IP 家族、IP 世界。在大连搞一个“熊北北”，在北京搞一个“京北北”，这样简单改变复制输出的模式走不远，就像很多动感剧场复制的只是剧场和内容相似的片子，没有深度吸引力。博涛本来就是做动漫 IP 的，现在的机甲产品状态还在一个 IP 系列的初创期，如果有 IP 战略，扩张的过程可以是 IP 王国的成长开发过程。漫威的英雄是跨越星际的，几十年发展下来，漫威英雄的系列是成长的，有联系的，是家族的。《黑神话：悟空》也已经跨越了经典神话和“黑神话”的界域，并且把神佛妖三界和三世轮回都贯通了，每个新的 IP 既有《西游记》中的逻辑，又有全新的故事和不同价值、意义、趣味。原来，全中国公共的《西游记》IP，由此可以不断繁衍，成为一个永远可以再生的 IP 王国，文化可以这样繁衍，生生不息。博涛能够走出这一步，在中国文旅产业上也会青史留名。

云上院子的废与立。彭志华老师执着于乡村建筑美学，他定位自己是废墟美学家，他代表了后现代的建筑和美学流派，也代表了一个时代的生活追求。我们都不是设计师，我们是生活家，我们喜欢彭志华老师创造的生活场景，那是从城市现代生活提升的后现代生活方式场景。中国文人的理想，永远都是想寻找世外桃源。彭志华老师做的院子是这一代中国人梦中的家园。不是乡愁，不是过去的乡村生活，是今后的家园，是农耕民族现代化之后安身立命之所，是未来生活理想。看到灵山打造拈花湾的时候，我们感受到了这种理想；看到陈向宏做乌镇的时候，也体验到了这种愿望理想。所以对旅游产品的评价，不是只有用真实和不真实还原历史的原貌这种文物标准来评价的，好的产品它是创造，可以反映中国人的美学样式和当代人的生活理想。这些作品表达的生活追求和创造的生活方式，为转型的时代提供了深入的思考。

回到我们“转型的新文旅时代”的命题。我们现在的创新不是不得已要为改变存量资产找出路，而是要找到文旅产品不断提升的生存之路和发展之路。各个案例都告诉我们，文旅产品创新，就是要在需求引领下努力创造更多更丰富的精神文化价值，创造包括各种情绪价值在内的精神文化财产，这才是文旅产业的终极使命，这也是中国旅游协会提出“中国服务　创意无限”的出发点。

杜一力

中国旅游协会副会长

原国家旅游局副局长、党组成员

开篇语：

建昌古城，又名西昌古城，位于四川省凉山彝族自治州西昌市市府街，始建于明洪武二十年（1387），已有600多年历史。2021年，西昌全面启动建昌古城保护更新项目，整体性推进建昌古城复原建造。建昌古城承载了一代代西昌人的记忆，是西昌市重要的文化遗产，也是西昌市民的生活家园。

建昌古城作为四川现存规模最大、保存最完整的木结构城市群落，无疑将南北民居的形制之美、明清建筑的技艺之精、川滇文化的意蕴之美展现得淋漓尽致，堪称是承古启今的物质与精神双重文化遗产。建昌古城城市更新项目依托于建昌古城部分原址，以古城历史文化为基底，在最大化保存古城传统人文空间特质及商贾文化、建筑文化、民族文化、地域文化的前提下，延续和修补传统古城格局肌理，打造历史文化名城有机更新范本。2023年2月，西昌市建昌古城达到国家4A级旅游景区标准要求，拟确定为国家4A级旅游景区。3月，确定为国家4A级旅游景区。

建昌古城在保护历史文化遗产基础上植入新功能，打造全天候、全开放、全沉浸式旅游目的地，并推动文旅融合发展，已成为西昌“上有古城、下有邛海”文旅新格局的重要组成部分。

建昌古城

古城新生密码——非标路径下
古城更新与文旅融合实践

作为凉山州建州七十周年一号献礼项目，建昌古城经华采堂企业匠心复原，以明清建筑艺术集大成者的姿态重生。项目通过恢宏的城楼、厚重的城墙、水墨亭台楼榭等建筑语言的重构，生动呈现了明清工匠的精湛技艺，更彰显出华采堂在古建保护领域的深厚底蕴与人文匠心。

建昌古城并非华采堂企业的第一个更新项目，也绝非最后一个。多年来，华采堂企业在城市更新与文旅融合领域不断深耕，沉淀下了一套成熟且独特的方法论。从接手建昌古城项目伊始，华采堂企业就面临诸多棘手难题：古城破败不堪、基础设施缺失且受法律法规严格限制，既要恢复历史风貌，又要满足现代功能需求。但凭借丰富的经验与创新思维，华采堂企业迎难而上，派遣200余名设计师驻场沉浸式设计，力求在24个月内完成这一艰巨任务。这种非标路径的探索与实践，不仅为建昌古城赋予了新生，更为行业提供了极具价值的参考范例。

一、从复杂困境中，开启古城重塑之旅

大凉山深处的西昌，虽为凉山州首府，有着丰富的多民族文化和美丽的自然风光，但西昌的城市化进程在大部分区域已经完成，却遗留了这样一个破败的角落。

建昌古城是四川最大规模的木构建筑群落，其历史可以追溯到600多年前。古城内危旧房屋安全隐患突出，历史文化遗迹保护难度极大。由于地处城市中心，上位规划调整涉及面广，当地居民的诉求保障也复杂多样。因此，建昌古城的城市有机更新一直是历届政府的夙愿。然而，此次州委、州政府和市委、市政府做出了英明的抉择，决定改造这个地方，这对于华采堂来说，既是困境的开端，也是挑战的起点。

在建昌古城的城市更新过程中，各方观点呈现出复杂而多元的态势。当地居民一方面渴望改善生活条件，支持基础设施的升级和现代化改造，以提升居住的舒适度和安全性；另一方面他们对古城的文化价值也有一定的认同，希望在保护与发展的平衡中受益。文

保单位则主张加强保护，呼吁采取紧急措施保护和修复古建筑，防止进一步的损毁。政府部门关注古城的历史文化价值和旅游开发潜力，希望恢复古城的历史风貌，在保障民生的同时促进当地经济发展。然而，资金和资源的分配可能成为挑战。

学者和专家从专业角度出发，强调科学规划控制规模，保留特色，融入城市发展。他们认为，古城的保护与更新应当在尊重历史的基础上，实现文化传承与现代生活的有机结合。投资者和开发商则更关注古城的城市中心商业开发潜力，倾向于推动现代化建设或者简约地方风格，以获取经济利益。这种观点与文保单位和学者的主张存在一定的冲突，如何在保护与开发之间找到平衡，成为建昌古城城市更新的关键问题。

到现场调研建昌古城的现状令人揪心。许多建筑已经摇摇欲坠，木结构老化严重，部分区域甚至出现了坍塌的危险。街道狭窄且破旧，基础设施严重不足，水电供应不稳定，排污系统几乎瘫痪。居民的生活质量受到严重影响，但同时也对改造抱有很高的期望。

在这种复杂的背景下，华采堂企业接下了这个艰巨的任务。我们深知，这不仅是一个建筑项目，更是一个文化传承与城市发展的使命。我们需要在保护古城历史风貌的同时，满足现代城市的功能需求，提升居民的生活品质，还要为城市的未来发展奠定基础。

二、以历史文化为本，城市更新有型有魂

华采堂的团队首先要思考该项目的定位问题。西昌处于恒温宜居地带，年平均气温 17℃，平均海拔 1500 米，拥有 2 万亩邛海国家级湿地公园，城市森林覆盖率高达 85%，空气清新，透明度高，非常宜旅宜居，但西昌旅游一直不温不火。

那个时候，西昌以自然景观为主，主要旅游吸引物来自邛海、泸山等自然景区。这些景点以其优美的自然风光和宜人的气候吸引游客，尤其是生态旅游和休闲度假游客。在西南地区，西昌面临来自其他旅游城市的竞争，如丽江、大理等地，这些城市在文化和自然旅游方面都有较强的吸引力，所以存在过境游多于目的地游的问题。

西昌地处边陲，长期受南诏国、大理国统治，建筑风格偏云南，又受川西地区影响，并且是多民族迁徙、杂居的地区，所以一直以来都是川西最重要的军事要塞，有着悠久的军屯文化。汉族、彝族、藏族交融的民族文化，还是南丝绸之路与川滇茶马古道交会处，商贸宗教文化也相当丰富。

不管从文旅市场角度、城市功能角度、经济民生角度来看，补齐人文一环，多维一体的保护性开发是最符合建昌古城的道路，以人文旅游目的地的模式，以城市有机更新、保护提升的方式来改造古城成为最符合近中远期考量的选择。华采堂最终将建昌古城定位为以文化体验、旅游休闲、特色商业、传统居住功能为主

的旅游目的地，延续古城“扇形城郭，十字为轴、直街曲巷”的传统格局。

城市有机更新、保护提升的方式再与文旅结合是一个庞杂而系统的工程，涉及综合规划、文物保护、基础设施升级、文化旅游结合、社区参与、可持续发展，需要多专业协同，多利益协同，多重矛盾解决，这意味着这是一条最复杂而具有挑战的道路。作为该项目的总设计师，我深知中国古城难做，尤其是这样文化丰盛的古城，要做出原汁原味又符合现代生活与度假方式的古城，难上加难。依托集团强大的团队实力，华采堂在项目正式开工前做了充足准备：

文脉梳理：千年历史，奠定古城格局

建昌古城的历史脉络源远流长，从先秦建郡、汉唐成邑，到明清成城，历经千年沉淀，逐步奠定了如今的街区基本格局。古城见证了西昌从边陲小镇到川滇重镇的变迁，每一块砖石、每一条街巷都承载着丰富的历史文化记忆。通过对古城历史文脉的深入梳理，项目团队清晰地勾勒出古城的发展脉络，为后续的保护与更新工作奠定了坚实基础。

文化发掘：一房一格，一院一调

项目团队摒弃了标准化的设计模式，充分尊重在地文化，力求还原每一栋建筑、每一个院子的独特风貌。通过对古城内每一处建筑的深入研究，通过“一房一格，一院一调”将建筑本体打造成历史文化长廊。从家族历史的梳理到各民族文化的交汇，从民俗文化的多样性到宗教文化的包容性，古城的每一处细节都彰显着文化的深度与广度。

政策研究：精细拼图，夯实基础

为确保建昌古城项目的合法性和合规性，项目团队深入研究了上万条政策和法律法规，逐步完成了尺度、方法、流程的精细拼图。在这一过程中，团队不仅明确了项目的政策边界，还提出了具有前瞻性的调整原则和工作思路。这一系列政策研究成果得到了西昌市委、市政府的高度认可，为项目的顺利推进提供了坚实的政策保障。

主体文化：军营文化与生活文化的融合

建昌古城的主体文化是军营文化，这种文化在西南地区虽有不少体现，但能够集中展示的并不多。项目团队在保护和传承军营文化的基础上，进一步挖掘了古城中的生活文化。这种生活文化既有古代的朦胧感，又有现代的时尚感，更有多种文化融合的混搭感。通过这种文化的融合与创新，古城不仅保留了历史的厚重感，还增添了现代生活的活力。

详尽勘测：多专业协同，还原历史风貌

在建昌古城的开发前期，项目团队组织了文保、古建、建筑、消防安防、招商运营等多个专业的详尽勘测。通过对街区与建筑现状的全面了解，团队发现了各类矛盾点，并在现场收集了丰富的文化元素。这些勘测成果为古城的统筹设计提供了重要依据和初步思路。在设计过程中，团队尽量还原了原有建筑院落的风格和生产力水平，同时强化了明清建筑精髓和川滇地方元素，使古城在保护历史风貌的同时，也融入了现代生活的便利性。

三、在严苛工期下，完美重现古城风采

在建昌古城的更新项目中，华采堂面临着前所未有的挑战和紧迫的时间节点。为了赶上凉山州 70 周年州庆，项目的第一阶段必须在 12 个月内完成，目标是将棚户区基本还原为古城的原始机理和形制，并初步实现旅游接待功能。第二阶段则更为艰巨，同样需要在 12 个月内完成，实现整个古城的全面开放，包括所有文态、业态和功能配套的完善，让古城重现昔日的辉煌。

华采堂企业拥有完善的策划、设计、营建和运营体系，专业团队扎实可靠。面对如此艰巨的挑战，华采堂不仅没有退缩，反而被激发出了更强的斗志。华采堂抽调了大量专业设计师奔赴西昌，开启了一场沉浸式的古城重塑之旅。

为了确保设计的科学性和合规性，华采堂对古城的每一栋建筑进行了详细的勘测和研究。华采堂不仅关注建筑的物理结构，还深入挖掘其背后的文化内涵。通过与当地居民的深入交流，华采堂了解到每一栋建筑背后的故事，这些故事成为设计的重要灵感来源。华采堂还邀请了历史学家和文化专家，对古城的历史文化背景进行了全面梳理，确保每一处设计都符合历史脉络。

古城规划是老城区中最复杂的，尤其是历史文化建筑与遗存的规划更是棘手。为了确保项目推进合法合规，华采堂采取了“一院一策，分类实施”的策略，涵盖保护、修缮、复建、重建等多个环节，每一个环节都细致入微，堪称“绣花功夫”。

每一个建筑都经过详细勘测、上位规划研究、运营前置策划以及居民相关政策制定等多道程序。华采堂用了两个月时间完成调规，两个月完成评审，五个月完成报建，每一步都艰难但稳定扎实。

在规划阶段，华采堂特别注重与当地政府和居民的沟通。华采堂组织了多次公众参与活动，听取居民的意见和建议，确保项目能够真正满足他们的需求。华采堂还与政府部门紧密合作，确保项目的每一个环节都符合政策要求。通过这些努力，华采堂不仅赢得了居民的支持，也得到了政府的高度认可。

在设计阶段，我亲自勾绘草图，确保古城的形制和机理在规划上保持高度统一，随后将任务分配给200多名主创设计师，每人负责一个院子，充分发挥各自的创意和专长。华采堂采用了一种反常态的设计方法，让设计师们相互审核、修改设计图纸。这一过程基于前期文化策划团队对建筑历史文化的研究，通过倒推的方式，还原古城各栋建筑在历史变迁中的演变过程。因为古城的历史是层层叠加的，从爷爷传给儿子，再到孙子，朝代更迭，建筑风格也随之改变，整个古城就是一个不断发展演变的活生生的历史见证。

项目推进过程中，华采堂遭遇了疫情反复、突发地震、高温限电等不可抗力因素的多重挑战。由于古城地处城市核心区域，为最大限度减少交通拥堵和施工扰民，项目采取了半封闭式施工模式，这进一步增加了施工组织的复杂性。面对特殊时空条件的叠加考验，华采堂创新采用“蚂蚁雄兵”施工体系，从四川省内精准调集千余名古建工匠实施突击攻坚。

通过建立三维动态管理机制，将整体工程拆解为上百个工艺模块，制定小时级进度坐标，配套开发移动端施工管理系统，实现工序衔接误差控制在 15 分钟以内。特别组建的应急指挥中心集成气象预警、疫情监测、电力调控等智能模块，通过 BIM+GIS 数字孪生平台实现风险预判和资源调度。在质量管控方面，构建了“匠人自检—监理复检—专家抽检”三级品控体系，采用三维激光扫描技术进行毫米级精度核验。最终，在时空条件严苛的背景下，实现了传统工艺与现代管理的有机融合，攻克了超大体量古建集群的快速营造难题。

整个过程中，我们始终坚持以文化为魂，以建筑为体，深入研究古城的历史文化背景，将文化元素融入每一个细节中。文化研究团队与投资运营团队紧密配合，明确文态和业态，再与建筑样式、景观设计相融合，进一步升华整体效果。最终，建昌古城实现了“一坊一样、一馆一型、一堂一格、一厅一调”，找不到一个重复的门窗，完全按照历史建筑伦理进行落实，精准再现了古城各个建筑的生产力水平和文化属性，使其既具有历史韵味，又符合现代生活需求。

在文化传承方面，华采堂特别注重非物质文化遗产的保护与传承，邀请了当地的非遗传承人，将南红、羌绣、唐卡、彝漆等传统技艺引入古城，设立了专门的非遗工坊和展示区，让游客可以近距离感受这些古老技艺的魅力。华采堂还组织了各种文化活动，如传统节日庆典、民俗表演等，让古城的文化氛围更加浓厚，让游客在欣赏美景的同时，也能深刻感受到古城深厚的文化底蕴。

四、文旅融合为法，找到古城新生密码

短短24个月里，华采堂迈出了坚实的步伐，从报规报建的精心筹备，到古城盛世重光的惊艳亮相；从一院一品的独特雕琢，到一楼一韵的细腻打磨；从一街一风的匠心营造，到一巷一景的诗意呈现。华采堂植入丰富的在地文化，启动考究的招商运营，让建昌古城成功实现了从建筑破败状态到历史文化名城的精彩蝶变，从默默无闻的角落到闻名遐迩的旅游胜地，从单一的居住区域到集旅游、文化、商业于一体的综合性目的地，为全国城市的有机更新提供了宝贵的经验借鉴。

如今，历经城市有机更新的建昌古城复原了南丝绸之路与茶马古道交会点上规模最大的中心城市的盛景，汉族、藏族、彝族、羌族、回族、蒙古族等十几个民族文化在此交汇生息，科学宗教在此兼容并蓄，南红、羌绣、唐卡、彝漆各种非遗传承发扬，形成了中国古城中最丰富的文化融合景象。

建昌古城城市有机更新共修复修缮了不可移动文物和历史建筑18处，保留复原了530米涌泉街历史文化重点保护街巷，抢救性保护修复了300余米建昌古城墙，标记、收集和保护了8口古井、287株古树和万余件老物件，最大限度保护了古城的历史肌理、历史街巷、空间尺度和景观环境。

建昌古城一跃成为游客游玩西昌的热门首选地，旅游热度持续攀升。2025年春节黄金周8天内，建昌古城接待游客量高达106.32

万人次，同比增长 51.51%，其中七天游客量均突破 10 万人次，更是创下单日接待游客 156878 人的新纪录。

随着游客数量的激增，建昌古城内餐饮商铺生意火爆。像李小肠、厨子下山、古城兰苑等餐厅座无虚席，网红店李小肠仅有 70 桌左右就餐位，高峰期排号人数却突破 500 多号，游客热度可见一斑。据李小肠古城店负责人张华介绍，春节期间客流量是平时的 3~4 倍，各地游客纷至沓来，成都游客尤其多。众多游客慕名而来，从射洪赶来的周女士一家，听闻这里气候宜人，号称“小三亚”，便阖家前来游玩。

每年接待游客人数超 1000 万人次，扩大了西昌旅游市场份额。人们来到建昌古城，皆感其原生态样貌仿佛一切本就存在，我常常听到游客赞叹：“建昌古城和其他古城不一样，真的太美了！”

同时，华采堂注重与当地社区的合作，鼓励居民参与古城的运营和管理。华采堂设立了居民创业孵化区，为居民提供创业培训和技术支持，帮助他们开设特色小店和民宿。华采堂还组织了社区文化节，让居民展示自己的才艺和文化，增强他们的归属感和自豪感。

建昌古城不仅为西昌市增添了一张亮丽的文化名片，还为全国城市有机更新提供了宝贵的经验。通过“夜市、夜游、夜食、夜展、夜秀、夜动、夜节、夜宿、夜学”的融合，培育文化旅游夜间消费活力区，形成了独特的“旅游 + 娱乐 + 文化 + 商业”的全新文旅模式。华采堂相信，只要坚持以文化为魂，以创新为法，必能找到古城新生的密码，让古老的城市焕发出新的生机与活力。

未来，华采堂将继续秉持“文化为魂，建筑为体”的理念，推动更多历史文化名城的保护与更新项目。只要坚持以科学规划为指导，以文化传承为核心，以居民需求为导向，就能在保护历史文化遗产的同时，实现城市的可持续发展，让古老的城市焕发出新时代的力量。

五、中国文旅全产业链头部发展商

华采堂企业创始于2012年，前身为国内著名文旅农旅策划及设计机构——华采堂企业设计机构，发源于上海、苏州，在业界享有高度声誉及市场认可度。深耕文旅农旅行业十余载，目前已成为国内具有创造力、影响力的“中国文旅全产业链头部发展商”，专注文旅策划、文旅规划、建筑设计、综合施工和文旅运营，致力打造具有全球影响力的文旅项目。公司以全球视野、先端观念、美学至上、工匠精神和精准投资为核心，引领文旅产业的创新潮流。

华采堂正在打造令人瞩目的全球藏文化地标——尘埃落定藏城堡度假区以及全球最大夜游公园——自贡中华彩灯大世界。华采堂企业发端于上海外滩，成熟于乌镇、古北水镇，领先于李庄古镇、建昌古城，始终站在中国文旅产业迭代前沿。

公司拥有全球视野、先端观念、美学至上、工匠精神和精准投资的顶尖团队，以“坚持做困难而又正确的事”的理念引领时代文旅创新潮流。

华采堂致力于通过项目全周期一体化控制投资，提供EPC+O+F

全产业链一站式服务，为政府和企业打造引领时代潮流的高端旅游目的地度假区、景区、城市更新商业场景与主题灯会夜游项目。公司以文策与设计、投融、施工、运营、宣推五大技术为核心，在高端旅游目的地度假区、历史文化名城（镇）名街、夜游嘉年华、城市有机更新、三农振兴、数字元宇宙、城市文化客厅等领域，以创新技术和模式构筑较高专业壁垒，推动文旅、农旅以及大消费场景的核心竞争力塑造和价值可持续升级。

华采堂以“创意引领经典，运营落地为先”的理念，更注重让概念规划最终成为落地运营产品。根据项目的不同情况，选择适配的专业团队，为项目提供以“运营落地”为核心的演艺、酒店民宿、光影数字体验、酒旅营销、商业业态孵化、抖音文旅 MCN、品牌营销推广等延伸产业链服务。

华采堂企业凭借其卓越的行业优势、创新的商业模式、领先的技术实力和丰富的项目经验，持续引领中国文旅产业的发展，为全球文旅市场注入新的活力，多次获得国家级和省级媒体的报道与表彰，在政府与行业领域赢得良好口碑。

施　飞

华采堂企业董事长、总裁、总设计师

开篇语：

每座城市都藏着独特的灵魂印记，那就是老街。它们或热闹，或静谧，像城市的脉络，诉说往昔，承载当下与未来。在“六朝古都，十朝都会”的南京，夫子庙游客如织，老门东古韵悠悠，熙南里却宛如喧嚣中的净土。

熙南里紧贴夫子庙，毗邻新街口，区位优势显著，坐拥甘熙故居等丰厚历史文化资源。自1996年修缮甘熙故居开启发展历程，历经转型探索，成功蜕变成为文商旅产融合运营的优秀范例。这里的建筑跨越时空，风格多元又和谐统一，节日IP精彩纷呈，主理人品牌活力满满，夜经济更是大放异彩。接下来，就让我们一同走进熙南里，深度探寻它是如何在历史与现代的碰撞交融中，将历史文化与现代活力完美结合，进而塑造出独树一帜的城市文化名片。

熙南里历史文化休闲街区

一盏灯点亮一座城

在中国这片广袤的土地上，几乎每一座城市都藏着一条老街，我们叫它历史文化街区，甚至一个城市往往都有一条这样的有代表意义的历史文化街区，于是这个街区注定了会和这个城市的其他的商业街区不一样，它们或繁华喧嚣，或古朴宁静，如同城市的血脉，流淌着历史的记忆与现代的活力。这些老街，不仅是地理坐标上的简单标志，更是城市文化的缩影，承载着几代人的情感与记忆，讲述着属于各自城市的独特故事，在一定意义上，这条老街代表的是这个城市的过去、现在、未来。

作为“六朝古都，十朝都会”的南京，向来都不缺少具有深厚底蕴的历史文化街区。规模宏大的夫子庙、风韵十足的老门东……“青砖小瓦马头墙，回廊挂落花格窗”，相似的建筑风格、相似的文化基因，相近的区域地块，熙南里，却像是一片世外桃源，置身闹市之中，却守住了一隅宁静。

熙南里项目其实启动得比较早，从1996年开始修缮甘熙故居，2006年开始建设街区，2009年一期完成开街运营，但是实际上到了2017年，熙南里划入南京旅游集团，才真正地从一个城市开发更新项目开始探索转型为城市文商旅产融合运营项目。

如何将熙南里历史文化街区做成一个具有个性、生命力，并且能够成长的历史文化街区呢？

历史文化街区的价值在于其承载的独特历史文化资源，这是驱动项目的底层能量，很多商业街区苦于文化氛围不足，文化特色不够突出，缺乏具有影响力和吸引力的文化IP，其实我们面临的问题恰恰是可选择的内容太多了。

南京历史悠久，文化底蕴深厚。自东吴孙权迁都建业（今南京）以来，东晋、南朝的宋、齐、梁、陈四代皆以此地为中心，这六朝的繁荣与辉煌，为南京留下了丰富的历史文化遗产，南京有很多名字，“白下、建康、南京、金陵、升州、集庆……”据不完全统计，南京正式和不正式的名字有近70个，也从另一个侧面说明了南京历经沧桑巨变，文化的丰富多元与包容，而熙南里位于南京的老城区，以新街口为坐标，东北是明故宫，东南是夫子庙，西北是兵营，西南地区也就是熙南里所在的地方，南京人称之为老城南，是南京

3000多年人脉、文脉、商脉一直传承的地方。

著名的“九十九间半”——甘熙故居就位于老城南，这里有中国第二大民间藏书楼、昆曲传承保护地、南京民俗博物馆、南京非遗博物馆，从甘熙故居到朝天宫、从升州路到九市十八坊，面临最大的困惑是那么多的文化基因、历史底蕴，从什么地方开始着手，用什么作为切入点才能把项目做好。

北有开封张择端的《清明上河图》，南有南京仇英的《南都繁会景物图》，图卷描绘的繁华的闹市，纵横交错的街巷，鳞次栉比的建筑，正是如今的熙南里街区所在。

一条纵向河道穿街而过，商铺、酒楼、茶社、当铺、钱庄、戏台、浴堂、官衙、庙宇、民房等错落其间，街上人流熙攘，车水马龙，各类冲天招牌夺人眼球，踩高跷、烟火水嬉、舞龙戏狮、弄棒使械、“走海倭子进宝”等“杂耍把戏”“江湖把戏”一类表演以及观者云集的戏剧演出、流光溢彩的“鳌山”灯，呈现一派热闹景象。

这片区域曾是南京历史上最繁华的区域之一，商会、府衙、作坊……林林总总的店铺，川流不息的人群，像极了如今的南京新街口。

于是就有了“品南都繁会　约在熙南里”，以甘熙故居、评事街、大板巷、绒庄街等历史文化资源为载体，以南京老城南市井文化为依托，集戏曲表演、非遗展示、老字号品牌、大师工作室等于一身，再现《南都繁会景物图》的繁华盛景。

“看看夫子庙、逛逛老门东、相约熙南里”，一句俏皮话却成了三条历史文化街区定位的最好隐喻和注解，这句话其实很好理解，夫子庙的外地的游客多一点，每年接待游客 8000 万人，夫子庙长期跻身“国家 5A 级旅游景区热度 TOP10”榜首，一直是全国春节期间热度最高的 5A 级景区，而老门东街区更适合打卡、游逛，但是更多的“主客共享”机会留在了熙南里，大家来熙南里拍拍照、喝喝茶、喝喝咖啡、聊聊天、开开会，闺蜜聚会、商务招待。

熙南里的城市区域禀赋是得天独厚的。熙南里贴着夫子庙，也靠着在新街口，从熙南里到夫子庙叫“一带一路”：用升州路这条千年大道贯穿 TOP1 景区——夫子庙观光带。从熙南里的评事街到新街口叫“评新而论”，用小而精、烟火升腾的背街小巷 City Walk“逛街热”勾连中华第一商圈——新街口。

城市文脉如同一条流淌在时光中的文化血脉，它是在漫长岁月中积淀的独特气质与环境风貌，而建筑实质上都是当地居民在日常生产和生活实践中的文化内核与精神烙印的具体展现。因此，在构建街区文化环境的过程中，至关重要的是重构和再现具有地方本真性的建筑，激活场所原有的历史文脉，使之得以延续和再生。

很多做历史文化街区的专家和学者喜欢做断代，把历史文化街区简单地当成静态的文物来断代。城市不停地迭代生长出来，所以建筑也有不同的时代风格。南京 3000 多年来，这个城市是一直在生长的，叠加成长。第一个 IP 就是跨时代的时光建筑。

历史建筑是珍贵的城市记忆，在熙南里，历史建筑不仅是不可移动的文物资源，还是多层次的历史和生活方式的集合，在这里能看到不同历史时期的建筑共存。项目在规划设计之初深入研读了大量明清至民国时期的文献资料，对包含建筑年代、建筑品质、历史建筑、古树古井等在内的历史文化元素进行了细致入微的调查与研究，严格遵照“修旧如旧”的原则，确保每一幢建筑、每一条巷弄都能真实地传递出历史的信息，形成一个生动立体、开放互动且充满活力的可供亲身探寻的时光街区。

熙南里的建筑特征很明显，“青砖小瓦马头墙，回廊挂落花格窗”是江南建筑的风格基底，但是在熙南里呈现的是平衡混搭，是有机生长，在这个地方我们可以看到晚清的建筑、民国的建筑、新中国成立初期的建筑、改革开放的建筑，甚至还有我们的建筑大师设计改造的未来的建筑。

在街区的开发尤其是大板巷示范段的建设中，我们坚持两个重要原则：一是“能保则保，应保尽保”，街区内很多老建筑的历史风貌因此得以保护和还原；二是在“有利于文物保护、服务公众、展现文物历史文化价值”的基础上，让历史建筑变身公共文化空间或新消费空间，而不是简单地将其修缮保护起来，通过“在利用中保护，在保护中利用”赋予历史建筑新的生命和时代价值。

严谨的考证与精细的修复，生动再现了明清时代的建筑风格和生活场景，为了最大限度地还原历史原貌，项目团队从全国各地采集收购了大量的老城砖和古木材。保护与开发，风貌与功能，达到平衡并不容易。更多采用“微改造”的“绣花”功夫，在保护历史文化风貌的同时，便利居民生活，使古老街巷与现代生活融合发展。

例如大板巷27号民居，原来是清代的四进组群建筑，现在被利用为“匠物”生活馆的经营服务场所，用来展示和销售各类文创产品。

通过这种方式，把历史建筑打造成公共文化空间或新消费空间，在原有功能的基础上增加新的功能，这样既保护了历史文脉的传承，又与当下的时代元素相结合，有效实现了“在利用中保护，在保护中利用”。

尽管城市更新、文化复兴的目标陈述非常宏大，但人的体验是细微的，所以真正目的达成，来自非常细微的考虑和营造。绿色植物景观在宏大老街、民居背景中看似微小，其历史文化及审美意义至关重要。诸如凌霄花、古藤等元素遍布街区，与各建筑紧密相连，古井、古藤、古树等点缀其间，既是生活场景的组成部分，又是居民社交的重要场所，共同凸显民俗风情与历史底蕴。

其中很多的房子我们挑选了最好的设计师来做，有100个设计师进行了交叉设计，我们也挑了一些保留下来，设计上有明显建筑风格特征，我们请了知名的设计师对这些房屋进行调整，用设计的美学挖掘历史文化街区的历史价值，其中有一座楼原来是20世纪50年代《南京日报》的印刷车间，随着历史迭代发展变成了集体宿舍，我们邀请了南大建筑设计院的张雷老师主笔设计，现在成了典型的文旅商+产融合的微型生态综合体，一楼是美术馆、咖啡厅、牛排西餐厅，二楼、三楼、四楼、五楼是建筑设计院，有100个建筑设计师在工作，这样的小型复合业态在我们街区很多，一楼是文商旅窗口，二楼、三楼是产业用房。

将南京日报社地块改造为熙南里大师工作室，充分反映了熙南里公司在街区持续更新过程中打破产业、文化、生活之间的界限，以设计美学撬动美学经济生产力，激发历史文化资源价值的创新理念。

以节日 IP 为抓手，构建文旅多产业多领域融合互通的休闲消费体系，推动非遗保护传承，为非遗传承丰富活化场景。街区因非遗融入而提升品质，非遗因活态传承而增添活力。熙南里陆续推出了笪桥灯市、六潮雅集、汉服节、非遗购物节、读书节、咖啡节等特色文旅消费项目。

“上天言好事，下界保平安”，这是以前贴在灶王爷像两旁的对联。每年腊月二十三日这一天，要放鞭炮，供灶糖，欢送灶王爷上天。让灶王爷向玉皇大帝汇报这家人这一年的行为时多说些好话，以祈玉皇大帝来年多多降福于家里。

南京是中国的楹联城市，驻熙南里的南京楹联协会袁裕陵老师提出在南京明城墙的城门上挂对联，此后中国很多的城墙都开始挂对联。所以每年的 1 月熙南里的大板巷有很多雕版印刷产品，还有名人送福字、送对联，南京人管这里叫祈福大板巷。

4 月 23 日是“世界读书日”，南京成为中国旧书交易的试点城市，试点区域就在熙南里，熙南里要开一个大型的旧书交易市集，书声、雨声、读书声，我们的读书节叫纸墨时光。

5 月，“不止有咖啡节”，熙南里虽然是一个老街区，但更多是年轻人喜欢打卡和时尚的地方。“不止有咖啡节”，还有鲜花、红酒、舞蹈、气球。“不止有咖啡节”源于在 2020 年 1 月疫情的时候，熙南里有一家咖啡叫 J 咖啡，店里小伙伴当时每天研磨 100 杯咖啡送给南京的医院，同时还发动全国 6 个城市给医疗系统送咖啡，就是他们不屈不挠的精神让我们有了“不止有咖啡节”，也正是他们让我们产生了后来的“主理人街区”的思想。我们吸引了广大的南京市民来参与，包括充满烟火气的修车师傅，包括便利店的老板参与咖啡节，2024 年，我们还用一辆咖啡车和一位无声咖啡师以骑行的方式串联带动了南京全城的文旅街区。

中国的灯市从汉代以来到现在，灯市真正兴起是在明太祖朱元璋在南京的时候，初一到初七给官员放了个小长假，从初八到十八大半个正月都在过灯会。明清南京灯会的主场在哪里呢？就在评事街、在笪桥，也就是现在的熙南里。后来灯市慢慢移到夫子庙，1980 年以后就有了正式的秦淮灯会。

在中秋节恢复笪桥灯市，无论是时间还是空间上都实现了突破和创意。笪桥灯市伴随着熙南里共同成长，因为熙南里是历史文化休闲街区，是小批量、镶牙式、渐进式地一块块地朝前推，笪桥灯市点亮了熙南里每一个小微地块的开发进程，由第一届“笪桥灯市、遇南京喜事”，到第二届“鱼跃笪桥、龙腾升州”，到第三届“月满熙南里、极美夜金陵”，第四届的“夜泊金陵、万物鼎新”，每一届的笪桥灯市都意味着我们每一个小微地块的新的发展，也意味着我们新的商户、新的业态、新的文化调性。

那么，中秋笪桥灯市和传统的元宵灯市有什么区别呢？区别于元宵灯会的大型主题灯组，大家是观灯、赏灯，中秋笪桥灯市是人人拎灯，拎灯走月，MOONWALK，南京传统的时尚是拎灯走桥，走一座过一道坎，祈福消灾，所以我们就做沉浸式的灯会。第五届的灯会的主题就是“沉浸熙南里、极美夜金陵”。

第四届的中秋笪桥灯市在南京市文化和旅游局的协助下同时点亮了长江的阅江楼、长江大桥、金鹰国际、大报恩寺，于是，熙南里的中秋笪桥灯市已经不再是熙南里街区的节庆，已经变成南京市中秋节非常重要的节庆活动，熙南里也是南京唯一的中秋传统节日基地，也是我们节日工作室的驻地。中国民间文艺家协会 2024 年作为中秋笪桥灯市的指导单位，将“寻美 · 中秋节全国短视频大赛”的发布放到点灯仪式的主场，并协同了更多的城市在中秋节办中秋灯市，从一盏灯点亮南京城，也希望从这一盏灯到万家灯火，这是我们做中秋笪桥灯市的初心和出发点。2024 年中秋笪桥灯市是沉浸式灯市，每个工作人员都是主角，每个商户是主角，每个游客是主角。整个灯市现场不仅有传统手扎灯，有 3D 科技灯，也有光影秀，有 NPC，更有六朝雅集烟火气。

“中国有礼仪之大故称夏，有服章之美谓之华”。汉服不仅是漂亮衣裳，更是中国五千年文明历史的缩影。熙南里深度挖掘传统汉服文化与时尚，举办南京汉服节，百人巡游、红楼梦走秀、国风集市、国潮民乐快闪……让市民感受传统与时尚的碰撞，倾听历史与潮流对话。

2024年熙南里获得了中国新文艺双新群体实践示范基地称号，什么是双新？文艺群体、新文艺组织，提到熙南里的双新，不得不提熙南里的品牌主理人，“主理人”名称虽然源于潮流品牌，但它是真正有情怀、有理想、有品质感、有价值感、有技术、有营销的六边形战士。我们有条巷子叫鱼龙巷，这个巷子名字的寓意就是从鱼化龙，希望每一位在熙南里的金色小鲤鱼能跃过龙门，成为八部天龙，在熙南里，主理人品牌已成为新兴力量。在熙南里，“主理人品牌”已成为新兴力量，与大牌连锁类商户形成市场互补。借助主理人的“品牌力”，筑巢引凤打造熙南里IP矩阵，撬动“消费力”，提升项目的商业吸引力与辐射力。

“主理人”本质是一种圈层文化，认知同频、文化共鸣才能吸引品牌落地生根。熙南里以“一路、两街、十三巷”为主线进行招商布局，通过盘活小街巷，突出“文化味+烟火气”的场景混搭，打牢硬件“基本盘”。同时又以“笪桥灯市”为主线，打造汉服节、咖啡节、读书节在内的IP矩阵，抓好软件“创新盘”。在“两盘”的共同营造下，构建具有品牌标识度的消费场景和文化标签，从而为主理人扎根街区创造环境。目前，街区共有商户140余家，其中主理人品牌68家（12家店为南京首店），占比约为47%，业态主要集中在零售、餐饮。这些品牌目标消费群体明确，客源稳定，营收有保障。因此占比不到一半的主理人品牌为街区贡献了超一半的营业额，约为街区商户总营收的62%。从熙南里出发，立足街区自身特色“筛选”品牌，重视品牌的故事感及调性。扶持在地特色品牌的创新孵化，对于在街区初创的首店给予相关扶持。挖掘线下消费的社交需求，将一批历史建筑打造成公共文化消费空间，兼顾社交、消费和文化传播的三重功能，共享流量发挥主理人粉丝效应。主理人是在各自垂直领域有一定粉丝的专业人士，他们自身的网红属性会为街区带来额外流量。一方面，抓住主理人粉丝的小众、细分需求，为他们在街区开展活动提供便利和保障。另一方面，发挥街区夜经济的品牌优势，在每年笪桥灯市聘任夜经济“金牌主理人”。该项目自2022年推出，从夜食、夜游、夜购、夜娱、夜宿、夜读、夜健七个维度出发，每年聘任8名金牌主理人，每个主理人都会成为我们的孵化对象，以他们为“点”，由点及线、连线成面，对外推介熙南里的夜间文旅消费产品。同时在“金牌主理人”的基础上，继续下沉，打造主理人市集。2024年4月12日推出街区首个气味市集，邀请30个主理人品牌共聚，以“香”气为消费主线，串联起烘焙、香氛、手作等多个热门消费品类，为街区贡献“流量”、打造“看点”，有的主理人在熙南里从开第一家店到开4家店再到7家店，最多的一位现在全国有300多家店。

白天，鲜花满地，游客如织；夜晚，流光溢彩，熙南里依然是游客漫步、观剧、赏乐、休闲的好去处。夜经济一直是熙南里持续打造的亮点与核心，围绕“新夜态”布局新业态，通过历史文化+建筑打造、江南文化+场景体验、创新科技+网红IP的运营方式，打造独具南京文化特色的夜经济品牌，成功入选国家级文化旅游夜间经济集聚区。

围绕“新夜态”布局新业态，这里的夜间消费精彩纷呈。

夜游：打造主题亮化夜景的同时，推出精品博物馆夜游项目“甘宅雅韵”，联合中青年艺术家打造街区微博物馆群，联合“我们的节日”恢复笪桥灯市，以文旅融合营造消费新场景。

夜购：改变传统夜经济的单一业态，引进非遗工坊、网红夜市、24h 互联网超市等项目，自主打造“六潮雅集”特色市集，2021 年被评为南京特色消费“暇在足尖十佳场景”，通过业态混搭满足不同消费需求。

夜娱：打造南京首部沉浸式演出《南京喜事》，推出南京城首个“星光电影院”。整合南京演艺资源，不定期组织各类非遗、戏曲公演，同时鼓励商户结合自身特色打造“内部演出”，营造“家家有戏”的文化氛围。

夜食：既有六华春等南京老字号餐饮，也有引进的外地特色网红餐饮品牌。

夜宿：引进漫心、花筑奢等行业特色品牌，实现精品酒店、特色民宿互补，满足商务及普通游客的双重需求。

夜读：引进樊登读书会、复兴书店等品牌，打造街头阅读亭；利用数字化打造 24 小时无人书店三余书社；举办读书节、读书沙龙、古旧书市，让文化消费火起来。

夜健：联合可口可乐等品牌培育特色赛事，通过组织街头篮球赛、儿童卡丁车比赛等活动带热夜间体育消费。

围绕夜经济的打造，整个街区的业态布局做了巧妙设计。以大板巷为例，在巷口的牌坊处，设置有时尚餐饮、特色酒吧、网红咖啡；沿着巷子继续往里走，则可以看到六华春这样的老字号，中间还穿插有由不同历史建筑改造而成的微博物馆……通过这种混搭，将夜间消费与文化体验结合起来，从而打造良好的品牌体验感。

具体来说，夜间消费氛围的打造主要围绕“灯美、商美、人美”三个角度展开。

灯美：对街区亮化进行精心设计，从大板巷牌坊入口一直到街区内部，一排排传统彩灯错落有致沿街悬挂，同时不同历史时期的建筑会配以不同主题的亮化，营造夜间流光溢彩的氛围。

商美：目前，整个街区运营面积大约 8.5 万平方米，商户有 130 余家，业态丰富多元，包含夜间演艺、展览、娱乐、餐饮、购物、住宿、零售、剧场等。其中有不少是网红店，它们自带流量，能吸引年轻群体打卡消费，从而为街区带来人气和流量。同时，街区的自营商户很多设置了契合街区氛围的外摆，这些精巧设计与街区环境相得益彰，形成互动效应。此外，沿街的市集在夜晚铺展开来，也能吸引大批人流驻足赏玩，这也为街区餐饮、文化商户输送了大量潜在消费人群。

人美：街区通过组织汉服巡游、快闪、文艺演出、网红直播等活动，以“颜值”聚人气、引流量。

夜购、夜食、夜宿、夜游、夜娱……这些构成“夜经济”的重要元素，如今在熙南里都能找到，可以逛文创集市，听戏剧经典，遇《南京喜事》，赏评弹剧场吃正宗老南京菜，品网红咖啡、喝啤酒，逛见微知著——微博物馆，沉浸式博物馆夜游，感受慢生活，导入更多社交场景，打造出“色香味”俱佳的文旅“夜宴”，呈现“夜之金陵”魅力风采，呈现南京独具特色的城市文化内涵，用文化点亮夜经济。通过深挖“夜之金陵”的品牌要素，培育主IP和子IP，将“文化资源”转化为“文化资产”，构建立体化的品牌运营格局。

闲鱼全国首家城市主题概念店落地熙南里。历史文化街区不是老气横秋的暮气沉沉，我们也会带来更多的创意想法和更多的业态。

“给岁月以文明，给时光以挚爱”，在梦回金陵的沉浸式体验中，感受传统与时尚的碰撞和共融，体验南京文旅消费的活力和魅力。

“约在熙南里，爱在熙南里”。

总要来一次真江南，总要来一趟熙南里。

蔡雷民

南京熙南里历史文化休闲街区副总经理

开篇语：

古城古街是历史文化的重要载体。在文旅融合的浪潮下，各地的古城古街都在积极探索创新路径，满足游客日益多元和个性化的需求。建昌古城、熙南里历史文化休闲街区等通过一系列创新举措，不仅为游客带来全新的旅游体验，也为古城古街旅游发展提供新思路。

主持人：

厉新建　北京第二外国语学院首都文化和旅游发展研究院执行院长、文化和旅游部“十四五”规划专家委员会委员

嘉　宾：

张　辉　世界旅游城市联合会专家委员会副主任、教授，博士生导师

朱　艳　苏州市文化广电和旅游局党组书记、局长

戴学锋　中国社会科学院研究员

圆桌论坛（二）

古城古街旅游的再创新

厉新建（主持人）： 我们进入到这个板块的圆桌讨论。当然我想题目还是挺难的，一个是古城和古街，其实空间尺度都不太一样；另外，现在各地发展的过程中都在绞尽脑汁想新的路子，都在积极创新。这就意味着我们讨论的题目是在创新的基础上还要再创新，这的确是比较难的。当然，尽管有困难，但古街和古城在发展过程中的目标是一样的，相信这里面创新的方法是可以相通的。无论是古城也好，还是古街也好，在发展的过程中都希望通过古老文化的挖掘给人们带来更多的现代体验，让文化的空间能够带来更多旅游的享受。所以，今天邀请了专家以及专家型的官员，大家一起来给实践提供一些理论上的指导，通过专家的理论指导、企业家的实践探索和官员在制度设计上的保障，形成互促共生、协同推动古城古街再创新发展的新格局。

进入正题，首先来问张辉教授。熙南里的蔡总介绍了熙南里的发展过程，很好的经验分享。您在听分享的过程中，觉得熙南里最引起您关注的创新点在什么地方？这个熙南里的创新对其他的古城古街的创新发展有什么样的启发？请跟我们分享一下您的观点。

张辉：这个不好去评价，因为我判断不出来未来我们古城古街是不是都要朝这个方向去走。应该说我们现在有不到3000个县，2800多个县，我们古镇现在已经达到了3000多个，也就是每一个县有一个古镇，注意是古镇。那么如果说古街就更多了，这在全世界是最多的。这个现象到底是好现象，还是一个坏现象，我说不清楚。严格来说无论是古镇，还是古街都会按照一个历史文化的主线来进行建设，当然可以分为几个阶段。

第一个阶段考虑的是空间和建筑，当然也是在观光旅游阶段，最初的古镇古街有一定的尺度空间，历史文化是很重要的，这是一个主线，然后要考虑建筑。通过空间建筑来吸引观光旅游。

第二个阶段休闲概念出现以后，古镇古街更强调了它的业态景观，我们经常说在这条街这个镇有没有打卡点就是这个道理。

第三个阶段就是近三年特别是疫情这三年年轻人成为消费重要的群体以后，古镇古街更注重了两个问题，一个是场景化，另一个是氛围。这个氛围包括白天的氛围和晚上的氛围。

我现在无法判断未来的古镇古街还要朝哪个方向走。现在不管是北方还是南方的古镇和古街，场景化和旅游氛围已经主宰了古镇古街的概念，包括我们分享的案例中一盏灯点亮一座城，一条街就是强调了氛围。这个问题很难，我不好判断下一步这 3000 多个古镇古街未来的主流方向应该再往哪里走。所以这个题不好回答，我们朱艳局长是接地气的，我想她会给我们一个很好的答案。

厉新建（主持人）： 谢谢张老师！其实我刚才听下来张老师给我们指导了一个非常重要的方向，在古城古街再创新的过程中要注意到两个不同，即发展阶段的不同和客群的不同。一是发展阶段的不同。古城古街有些处于观光阶段，创新就要围绕建筑空间的景观价值挖掘上创新。如果进入到休闲阶段，可能就需要围绕内容做创新，包括刚才所讲到的业态、项目、活动注入进去。这个跟阶段有关系。二是跟客群有关系。面对不同的客群，创业的方向也不一样。要围绕年轻人创新就要注重张辉教授刚才讲的气氛、场景，提供年轻人追求的情绪性价值非常重要，怎样让这些空间通过情感性的体验变为消费的对象和产品就成了创新的重要问题。张辉教授很谦虚，但是我个人觉得这两个不同对于很多古城古街的发展来说都非常重要。

您虽然把题抛给了朱艳局长，但是朱艳局长在 C 位，我想让她最后发言。先来问问戴学锋老师。案例里面还有建昌古城的介绍，里面也有很多创新，其中最打动您的创新是什么？当然，建昌古城还和很多古城古街不一样，与朱艳局长所在的苏州的平江路也不一样，也就是建昌古城离主要的客源市场是比较远的。所以，在这个情况下建昌古城对于离客源市场比较远的古城古街的创新有什么样的启示，请跟我们分享一下您的思考。

戴学锋：刚才听了建昌古城的介绍让我耳目一新，我没有去过建昌古城，在进这个会场之前，我专门请教了魏司长，他今年去过。我觉得建昌古城给我几个启示。

抓住了现在的市场。我为什么这么说呢？其实每个人对市场的理解是不一样的，每个人对成功的理解也不一样，每个人对古城好坏的理解也不一样。比如说我这样的人，我认为什么样的古城好呢？我认为有“吴宫花草埋幽径，晋代衣冠成古丘”这样的古意，还要有“颓圮的篱墙”，这样的古城是好的。我记得我小时候学工劳动其中一项是去故宫扫地，我去了一个小院，这里绝对是白头宫女住过的，闲夜坐说前朝的小院。微风吹过千朵小花万般舞蹈非常漂亮。我们在这里除草，除完以后一片狼藉，我当时懵懂不知道为什么感觉非常惋惜。古城古村的价值在于古意，在于颓圮的篱墙和吴宫深径上的野花野草。但是按照我的审美去做古城旅游必死无疑，现在市场要求的不是这种东西。南京熙南里的蔡总介绍得特别好，这个城市是在发展的，每个城市都有时代的痕迹在里面，如何符合现代人的需求，我觉得建昌古城在这方面做了很多的事情。但是它没有说不要原来古城的东西，把原来的元素留下了，甚至我特别注意到那些图片，原来的那些古树、古道路、石头、藩墙这些元素都留下来了，还要把现代需求、现代人的审美放进去。比如说晚上都用大红灯笼点亮，我想过去古城绝对不会是这样的。我小时候在北京的胡同里，一到晚上出去都感觉特别害怕，因为即便我家就住在东城区最核心的东单三条，离长安街一步之遥，照样黑不溜秋的，我想过去的古城晚上一定更黑，但是他把古城点亮了。现在晚上黑不溜秋的肯定不行，一定要符合现代的需求。

还有他把古城的体量、规模、规制控制得非常好。我特别害怕现在古村、古镇、古城建大广场、大马路，它的尺度感是规划者要做的事情。但是我们现在的规划者可能是在图上画，现在好多画图的小孩没有现场感，一做尺度就出现极不宜人的尺度，过去的古村有宜人的尺度，有邻里的关系。

还有每个房子单独的设计，这让我想到新疆喀什古城的每个房子不仅是单独设计的，而且是每一个设计师和每个住在里面的当地居民一起设计的，这是特别好的思路，这样才能保持总体风格差不多情况下的多样性。

最后还有一条特别重要，就是我特别问了魏司长，这里面保留了很多的当地居民，没有把所有的当地居民轰出去，如果一个古村、古镇、古城没有人的文化就是一个死的城，旅游也没法发展。所以必须要把活的人能够传承历史文化这种烟火气留下来，这点是我感受特别深的。

我不知道我回答了你的问题没有。

历新建（主持人）：不能问我，要问市场。虽然有点开玩笑，但实际上在发展的过程中，我们的创新是好还是坏，应该这样创新还是应该那样创新，真的应该问市场。创新在某种意义上来说都是今天所讲的供给侧结构性改革，但所有的供给侧结构性改革如果说没有来自需求侧支撑，那这些所谓的改革创新都是瞎忙活。

刚才戴学锋老师说到了在古城、古镇的创新过程中，如何让创新是有根的创新，无论是文化的根，还是当地居民的根。所以，创新不能简单地讲怎么样主客共享，可能还涉及主客共创的问题，你在创新的过程中怎么既听到外来的声音，又能够反映本地人的声音和愿望，这也是非常重要的。当然，刚才戴学锋老师讲到在创新的过程中尤其要考虑尺度的问题。很多时候一搞就是搞大项目，但在古城古镇的创新中，在有古意的空间中要做创意的产品时怎么把握住人的尺度，在小打小闹当中怎么开天辟地，真的很值得关注。这是非常好的分享、非常好的观点。两位专家讲完之后我们要请一位专家型的官员发言，来问问朱艳局长。“上有天堂，下有苏杭”，苏州有很多历史上传承下来的文化或者空间，包括平江路非常有名，朱艳局长您能不能分享一下这一两年平江路在发展的过程中有哪些创新，这个创新过程中主要考虑要解决古城古街发展过程中的哪些问题？是针对哪些问题做的创新探索？

朱艳：谢谢各位老师、各位专家，今天非常荣幸和大家一起分享，其实我是来学习的，我也想把苏州的做法带给大家。这么多年来，很多专家学者都非常关注苏州古城和苏州旅游的发展，我们平江历史文化街区也代表了苏州古城这么多年来在保护中发展、发展中保护的缩影。

大家都知道平江路的由来，因为在宋朝的时候苏州就称平江。平江路是当时苏州最繁华的地区，也是商贾云集的地方，也是市井生活的缩影。平江路原来叫“十泉里”，因有古井十口而得名。由南宋时期《平江图》的格局可以看到，千年以来，苏州古城的位置没有变，同时平江路所在的位置基本上也没有变。但是平江路的发展不是一直以来都是这样的。苏州历来、特别是从唐宋开始，明清也是顶峰，一直保护得很好，但是我们的文旅发展也经历了很多不同的阶段。我是一个土生土长的姑苏人，我就看到这么多的游客到苏州来，我觉得苏州每一条街巷都是这样的，这就是我们苏州人生活的场景。小桥流水、粉墙黛瓦、精巧清雅的生活向往，我觉得在平江路，现在更多能感受到的是这样生活的态度，就像视频里感受到的，光靠语言可能感受不出。

在我们平江历史文化街区有一处世界文化遗产——耦园，还有两处全国重点文物保护单位，其中一个是全晋会馆，现在作为昆曲博物馆和评弹博物馆，统称为中国戏曲博物馆。可以看到我们这些年在平江历史文化街区中深度挖掘了文化底蕴，如说耦园突出“佳偶天成”这样的寓意，做成了婚姻登记点。年轻人就争先恐后，在“佳偶天成”的寓意里进行婚俗仪式，也是现在年轻人追求的新方式。在昆曲博物馆里，不仅白天是公益的国有博物馆，晚上请我们的梅花奖得主、青春版《牡丹亭》男主角俞玖林先生启幕“那答儿去”——这是戏里的一句台词，就是两个人恋爱时候，问对方去哪儿玩的意思”。我们做了昆曲和评弹表演的夜场，丰富了平江路的业态。我们可以看出来在历史文化街区的保护中更多地挖掘了文化底蕴，展示了苏州能够看到的不一样的地方。文化底蕴的挖掘也是能做到最大的差异化，我们不希望 3000 个历史文化街区，大家看到的都是一样的业态，这也是我们在朝着这个方向努力的做法。

厉新建（主持人）：谢谢朱艳局长！大多数情况下我们一放视频的时候普通话介绍就来了，但是这次插播的宣传片声音出来的是吴侬软语，这就是反差。不走寻常路，也就是创新的套路。朱艳局长讲到在发展的过程中其实会有不同的乡愁的概念，无论是古街还是古城，本地人在发展过程中觉得这个地方不认识了，也会产生乡愁，他们希望看到熟悉的场景。对于外地人来说又想体验当地的乡愁状态，所以这里面不同的人群对乡愁的认知是不一样的。“人间烟火气，最抚凡人心”是外地人希望看到的乡愁。平江路是把苏式生活这种生活方式浓缩为博物馆的载体来体现，让博物馆和园林成为可以消费、可以体验的博物馆。这也是非常重要的创新方向。刚才讲到了《牡丹亭》，在发展过程中如何把个人的 IP 放大成为当地非常重要的吸引物，这对我们也很有启发。谢谢朱艳局长！

我们回过头来请教张辉老师。您肯定看过很多古城古街，在看的过程中，您肯定也在不断地思考。您觉得现在古城古街发展过程中存在着各种各样的问题，里面共性的问题是什么？如果说这些古城古街要高质量发展的话，您觉得它们可以走怎样创新的路径。请跟我们分享一下您的观点。

张辉：第一轮我为什么说我看不懂，就是我没有答案，因为它有两个逻辑问题。第一个逻辑，无论是古镇还是古街是一个空间形态，空间形态必须有功能，你要做什么，比如说如果我这样的古镇古街仅仅是做旅游的概念，作为一个旅游景区，以旅游功能为核心，当然我们前面有很多是要做旅游的，把当地居民都赶出去，那就按照旅游规律去走，我们好判断。但是我们现在的3000多个古镇古街，很多是城市有机更新的一部分，所以我们就出了一个词叫“主客共享”。当然就“主客共享”来说，要通过这样一个街区、古镇来完全体现当地居民的生活所需要的功能和旅游者所需要的功能，能完全达到主客共享的平衡点吗？我想很难。如果我们中国旅游再往纵深去走，可能戴学锋最清楚，你住在故宫旁边，一到旺季的时候，大量游客到来，使当地居民的日常生活受到了严重的干扰，他们就很不高兴、很不满意。当我国旅游形成规模化常态化发展局面时，这种旅游者与当地居民的冲突会经常出现。因为当地居民是要居住生活的，他们需要安静下来，旅游者是旅游生活，他需要闹起来，我们现在的古镇和古街搞的场景、氛围，甚至还要搞夜生活，就是迎合旅游者的旅游需要。所以这个逻辑怎么平衡。我想我没有答案，这是第一个逻辑。

第二个逻辑，比如说刚才朱艳局长说，我们到了苏州去看，感受苏式的生活，苏式生活的空间是什么呢？就是你的园林、古镇、古街。但是生活方式是随着时代的变迁而变化的，你给我们展现的那种生活场景最起码是二三百年以前苏州人的生活。你再往前跑到一千年也是一千年前苏州人的生活，现在苏州人的生活都不是这种生活。所以，旅游的在地化问题就是一个很难解决的问题。我们经常说旅游要在地化、生活化，但是我们的在地化场景、生活化的场景又不是当下苏州人的生活。工业化和城市化发展使人们的生活方式近而趋同，所以我们到苏州旅游，体验苏式生活已经不是300年前的苏式生活场景，是经过工业化和城市化改造的苏式生活场景，给我们的是一个虚无缥缈过去的生活场景，当然我非常赞赏那种场景，夜游苏州园林，拿着小扇子，接个啥东西，一千年的人可以这样做，一千年后的人会不会有这样的行为，因为时代变了，所以我就不好有答案。但是不管怎么说，创新肯定是重要的，但这个创新是不是守正的创新，还是未来中国旅游要朝这个方向走，我不好去判断。这是我的观点。

厉新建（主持人）：张辉老师每次都是很谦虚，说没有答案，不好判断，但是往往在他所谓没有答案中能够看到答案。在古城古街再创新发展中非常重要的问题就是空间重叠的问题。

张辉：我们现在很多古镇古街可以形容为一条大街、两边商铺、业态雷同，就是这样的概念。我看了很多的古镇、古街基本上一条大街两边是商铺，有很多业态，而且业态还很雷同，你说逛一两条大街还有意思吗?

厉新建（主持人）：除了空间重叠之外又抛出了共性的问题，也就是业态雷同的问题或者说古城古街同质化发展的问题。问题抛给戴学锋老师，您走南闯北，也发现古镇古街有很多业态雷同，您对他们的业态创新有什么建议?

戴学锋：刚才张辉老师说的问题，我也很有感受，从根本上讲什么叫成功？我觉得成功有很多评价的标志，今天上午大家说很多不成功的案例，其实我觉得我们说不成功的案例，我们的评价标准好像就是从旅游的角度或者从挣钱的角度来说是不是成功了，好像就这一个角度。我觉得这个评估应该有很多角度，比如说很多地区建了所谓的古街，可能没有人旅游，但是花了很多钱，确实按照一千年前的古街面貌给建起来了。从文化的角度来说，他们可能觉得很成功，但是旅游部门觉得不成功。还有一些从文化的角度看就是假古董，但是旅游者去得很多，旅游的人觉得是成功的。旅游发展很成功，门庭若市，可能对当地居民也不是成功的。所以什么是成功，首先要明确这个问题，今天我们在这里讨论只讲旅游方面是不是成功，而旅游方面是不是成功呢？我不知道这么说对不对，我们至少在今天这个层面只讲有没有效益。人去得很多，没有效益，我们也不讨论，我们只讨论一个问题似乎可以把问题变得简单一点。

如果在这个层次上，我说怎么叫成功，就是除了有旅游效益之外，刚才我说的要让过去传统的古村的古意有所流露、保留，就是刚才我说的古意，能让你感受到。

传统的那些业态，我记得华采堂的施总讲的建昌古城特别好，那几个寺庙保留了这种和文化相关的烟火气。从这几个角度来说至少是符合现在大部分旅游者的需求。我不知道大家有没有看过一个电影叫《小城之春》，费穆导演拍的电影，1948 年上映，那个古城感觉合我的口味，但是如果要把古城弄成那样，可能现在的旅游者不爱去了。所以，以谁的口味为准？现在我们要讨论成功只讨论一点，大众旅游的口味。

所以我看还有一个问题，怎么才能成功呢？我觉得最重要的一条就是不能听专家的，听专家的就要失败。我今天听了这么多项目，哪一个项目是专家指导的？所以真正的投资人是伟大的，今天上午说了这么多的失败项目，这是必然的，旅游业是一个生态系统，任何一个生态系统都是无数个企业失败、一个企业成功，所以你不要看到失败就认为坏，旅游业正是因为有了这么多失败，旅游业才出现了今天这样蓬勃发展的局面。

厉新建（主持人）：谢谢戴学锋老师！确实在这个创新发展过程中，成功也好，创新也好，谁来判断确实很重要，或者用什么样的标准去判断也很重要。在创新过程中，围绕经济价值、社会效益、文化效益可以形成不同的判断标准，标准不一样，结论就会不一样。对同质化问题的判断也未必一样，可能这部分人觉得是同质化的，但另一部分人或者市场可能就是想要这样的东西。

最后请朱艳局长分享一下。在创新过程中，企业很重要，因为它是市场主体。当然政府给企业提供的支持、提供的制度保障也很重要。您觉得在古城古街创新过程中，政府可以提供哪些方面包括制度上的支持，请跟我们分享一下您的精彩观点。

朱艳：在这么短的时间里，我觉得不能够总结出浓缩的观点。我思考刚才主持人提的问题，政府怎样承接，怎样创造更好的环境，怎样在大的方向把平台搭好。

我自己分享一个小的案例，我春天的时候去苏州博物馆参观，看了五百年前文徵明的《五月江深图》，用的墨和纸与现在的材质不一样，非常地鲜活，非常感动。出了苏州博物馆之后，我看到苏州博物馆和拙政园之间，文徵明五百年前手植的紫藤正好繁花盛放，非常有生机活力。我突然觉得和五百年前的古人做了连接，看了他的书画作品，回头看到当时古人种下的花朵还在开放。所有的游人都在那边拍照，他们拍的是紫藤花吗？他们拍的就是这样的情绪价值、人文情怀和对历史的追寻。我们这个季节又开始售卖文徵明手植紫藤的种子，这是上过《国家宝藏》的，政府也希望在保护中发展。我们希望再过五百年、再过一千年，苏州古城还是如《平江图》上看到的一般位置不变、结构不变，还能看到小桥流水、错落有致。还能感受到这样的生活方式。

刚才张辉老师说这不是苏州人现在的生活方式，那怎么样才可以体会到呢？我希望大家多住两天，不仅到平江路，还可以到山塘街，还可以到观前街，看看苏州人是怎样生活的。这是我们的第二个目标——主客共享。现在像苏州，做旅游已经不是一个新的东西让游客在这边多消费多少，我们更多的是希望通过旅游、文旅事业把城市建设再往上推一个水平。因为苏州需要好的投资环境，需要在世界上有竞争力，甚至能够代表中国展示到世界。我们有我们的使命，这也是我们文旅人的使命。

最近文化和旅游部在评世界级景区，我们下定决心把苏州 19.2 平方公里的古城整体申报世界级景区。为什么要这么做？不是说要在原来的世界遗产地为景区的基础上做，是希望给游客更好的感受，给市民更好的生活环境以及更好的投资环境。所以我们向各位专家老师发出邀请，我们推出了古城伙伴保护更新计划，期待更多的资本、企业家、老师都到苏州来看看，为我们的古城保护出谋划策，为苏州城市焕发新的活力增添文旅的力量，谢谢！

厉新建（主持人）：谢谢朱艳局长！最后借用彼得·德鲁克的话来送给大家，动荡时代最大的危险不是动荡本身，而是仍然用过去的逻辑做事。希望大家能够用新的理念不断推动古城古街的再创新再发展。

专家点评：魏小安

上午的点评专家杜一力点评水平高，带给我很大压力。但是我想，刚才的题目，我们没有必要论争。古城古街旅游再创新，前提就是以前有过创新了，所以才需要再创新。听了今天这两个案例，因为我都去过，我感觉确实是再创新的样板。我先不说这两个项目。

中国旅游发展以来，古城、古镇、古街区，按照自然逻辑成长得不错，比如说以平遥古城为代表的几个古城，以乌镇为代表的一批古镇，都发展得不错。但是中间出了一个变故，2010 年的时候，国家有关部门联合推动一项工作，在中国建设特色产业小镇，当时的目标是要建设 2000 个。我参加了几次会议，参加会议的时候我提了一个问题，能不能谈不同意见？他们说会议当然可以谈不同意见，所以我参加，我基本否定这个事。这是很简单的道理，第一叫聚集，产业聚集绝不能靠小镇聚集，小镇是传统商贸小镇、物流小镇、生活小镇，所以我们传统的古镇一定坐落在交通要冲，尤其在水路的要冲。现当代社会，我们靠小镇聚集产业，这个思维本身就错了。当时有专家提出日本一些案例。日本的小镇都是手工业小镇，中国也可以有手工业小镇，但是绝不可能全国搞2000个，所以我基本判断这个事一定黄。到最后这个事，无声无息了，但是几百个小镇上千个所谓特色产业小镇已经起来了，可是我们看到的结果就是无声无息。

可是这个事给旅游带来了后遗症，这个后遗症是什么？由于多数小镇在建的过程中无路可走，最后变成旅游小镇，建假古董，都变成所谓古镇、古村，都变成这样的东西。所以我感觉，拆了老的建新的，建了新的想老的，老的仿老的，赝品充斥全中国。但是今天旅游不能背这个锅，我估计两三千亿元投资埋在里面了。我见的最大项目，投资120亿元，小的也得有两三亿元投资，几千亿元投资，认为是文旅投资，不能认这个账，认了我们自己倒霉。到现在为止，我看了很多这样的项目，我就是一个感觉，可惜了。有什么办法呢？没有一招可以治遍天下。所以从这个角度来说，败有败的道理，成有成的逻辑。

我就觉得我们古镇、古街区、古村诸如此类，一开始说三古，后来说六古，后来是九古，最后一个题目泛古。我们开了六次会，想推动这个事的发展。后来发现这个事不用推动了，现在需要刹住这样的风潮，这样的风潮不是好风潮。现在需要解决的是什么问题啊？这样的泛古浪潮形成了这么多的垃圾资产，怎么办？能不能出点招？说不要听专家的，我觉得这些事恰恰需要听专家的，只不过这里面问题出在哪啊？不要认为院校才是专家，施总不是专家吗？照样是专家。

这里面有三个逻辑：

第一个是底层逻辑，底层逻辑是产品逻辑，我们做这样的项目，从投资商到设计者到专家，大家首先想的都是做什么产品。第二个是中层逻辑，中层逻辑是市场逻辑，研究完了产品才发现市场研究得不够，研究完了市场回过头来说产品不灵得调整，这是一环扣一环的。第三个是上层逻辑，上层逻辑是资本逻辑，资本逻辑不只是投资，也可能是资本整合，也可能是资本变换，各种各样资本形式都在里面，但都是资本逻辑。每一个逻辑，出发点是不同的。可是说到最终一个逻辑是生活逻辑，因为这些东西要想再创新，必得有生活逻辑，本质上是需求逻辑。

我以前去过两次西昌，从来没有听说过建昌古城，当地人也没有跟我介绍过。2023 年到成都，碰到施总，他跟我说建昌古城美轮美奂，我当时持怀疑态度。往往看画看照片，总是很好，但是到现场总是不行。我刚论证一个项目也是，看着画尤其规划师画出来的东西，我说你这个东西有很大欺骗性，看过现场才知道。

我今年正好有点儿时间，看看建昌古城吧，我持将信将疑的态度。去了以后我说了一条，我说我这次是度假式出差，他们听不懂，问什么叫度假式出差？我说听我的安排，别跟我说你要一个小时看一个点，再用一个小时看另一个点。早晨自然醒，中午让我从从容容，下午逛古城，晚上聊天喝酒，这样从容度过。我在古城里面住了三晚，又到琼海住了一晚，这个度假5天，我有一个真正的对生活逻辑的感受，什么感受啊？第一，简简单单是美好。不要认为我们讲文化一定要返古，一定要高大上，那不是。第二，从从容容是休闲。休闲一定要闲，我来休闲你逼着我跑这儿跑那儿，那是休闲，还是观光？第三，无所事事是度假。度假的境界就是无所事事，人家说无所事事你来这里干吗？没事，我在这小院里坐一个小时行不行？古城里面逛两个小时行不行？当然逛的过程因为内容比较丰富，南红一条街我逛了，专门买的一块南红，刺绣店我看了，尤其唐卡给我的感觉特别好，所以我就感觉文化内容的丰富不是逼着你去看，而是你自然而然被吸引去看，这个感觉完全不同了。第四，轻轻松松是生活，我们的焦虑、紧张、压力山大，那都不是生活，好的生活一定是轻轻松松的。第五，快快乐乐地享受。

这五句话，就是我在建昌古城度几天假，感受出来的，所以我就说最根本的是生活逻辑。这一个地方如果没有生活的氛围，没有生活的感受，甚至没有生活的享受，你这个地方好不了。张辉刚才谈到的我们的假古城、伪古城，就是这样，我赞成。一条大街两排商店，雷同业态，最后寥寥无几的客人，这样的东西怎么可能好？

反过来说，你这个地方只要有相应的基础，只要你用心去做，就是作品，是作品一定有吸引力。古城古街必然有做得好的，做得好的它一定花了心血，花心血的是作品，没头没脑做出来的东西就是垃圾。

说说熙南里。南京我很熟，去过无数次，熙南里这个地方我去过，但是当时不知道它的名字。所以到了南京，看看夫子庙，逛逛老门东，相约熙南里。实际上这两个项目有一个真正的共同点是什么？是生活。符合生活逻辑才能真正有吸引力。合法、合规、合情、合理，这不难，但是还要加一句话：合心、合意，最终是要合消费者的心，能够合大家的意，最终是这个。我们一讲古就是一个现成的词，古色古香，古色是观感，我们很多人追求的只是观感，古香是体验，如果只有古色没有古香显然不行，把观感和体验加在一起才是完整的古的感觉。

熙南里给我们提供的是什么？是古色古香中的新时新感，看到熙南里我想起杭州的清河坊，这两个地方非常像。实际上都是这样，都是一条历史文化长廊。实际上，现在是活的熙南里，人的熙南里，给你提供了新时新感。在这种状况之下，从面上来说，我们到底应该怎么做？能不能再创新？能不能再转型？比如说 120 亿元投资那个项目，项目投资以前谋划的时候找过我，我说只有两个问题：第一，你们现在的文化题材能不能支撑起这么大的投资量？第二，看看城市规划，我记得城市规划是要往东南方向发展，可是你们在西北方向，你做了半天不在城市主航道上，这个项目我表示怀疑。但是人家投资商不屈不挠，钱投进去了，后来又跑来找我，我说去看一下，看完了我只说了一条建议，取消门票，转变你们的模式。他说我们现在就挣这点门票呢，我说必须取消，因为里面盖了无数房子，取消门票老百姓才会进来，之后底商就能活了，实际算大账更能活，如果没有模式调整，这些地方基本死路一条。

所以我觉得，一方面，我们倡导一批样板，形成我们真正符合规律的产品逻辑、市场逻辑、资本逻辑。另一方面，我们真需要研究一下这么多建起来的假古董、伪古董到底怎么办？当然假古董也有成功的，比如说山东台儿庄，台儿庄在建的时候我就去了，找栋老房子看看，在工地转一大圈，只看见一栋老房子，是原来税务局的房子。很简单，1938 年血战台儿庄，老房子大多炸光了，但是就这么一个假古董做成了，这个赝品胜过了真品。后来联合国教科文组织的专家把大运河纳入世界文化遗产的时候，到了台儿庄，这些专家都兴奋了，说这就是我们想象的大运河场景。我们还谦虚地说，我们这是假的，是复建的。所以我就觉得，我们现在有一些专家太死板了，太一本正经了，严格说就是弱势心理，就觉得你提要求，我就得严格执行。实际上这些是发达国家制定的规则，我们是遵守规则，遵守规则的更严格，制定规则的反而无所谓。

所以从这个角度来说，我觉得实际上这个事就变成两个题目。一个题目是再创新，另一个题目是起死回生，这样的话可能对实际的发展意义更大一点。所以现在不能盲目谈发展，发展是硬道理，不发展有时候也是道理，别觉得一说发展就压倒一切。时代不同了，我们到了今天，真得研究怎么能够科学发展，怎么能把我们这些事理得更顺一点，我们已经过了动不动就谈发展，尤其大发展的这种年代。

魏小安

中国旅游协会休闲度假分会总顾问

世界旅游城市联合会首席专家

全国休闲标准化技术委员会副主任

开篇语：

在文旅行业蓬勃发展的当下，创新玩法层出不穷。从“特种兵旅游”到“Citywalk”，从“躺平游”到“反向游”，这些爆款玩法的背后，“情绪价值”成为关键密码。消费者不再满足于传统的旅游体验，他们渴望在旅途中获得情感的共鸣与心灵的慰藉。无锡君来太湖饭店敏锐捕捉到这一趋势，聚焦沉浸式实景茶歇，以江南文化为底蕴，通过创新设计，为游客提供独特的情绪价值，在文旅市场中开辟出一条特色发展之路。

无锡君来太湖饭店沉浸式实景茶歇

用情绪价值赋能文旅体验

无锡君来太湖饭店沉浸式实景茶歇不仅是一场美食的盛宴，更是一次文化的沉浸式体验，让游客在品味茶香与美食的同时，感受江南文化的独特魅力，收获身心的愉悦与满足。接下来，让我们一同深入探寻无锡君来太湖饭店沉浸式实景茶歇的创新之旅。

一、文旅新风向：情绪价值引领创新潮流

（一）文旅玩法迭代背后的情绪驱动力

近年来，文旅行业呈现出多样化的创新玩法，这些玩法背后的核心驱动力便是消费者对情绪价值的追求。“特种兵旅游”以高效打卡景点为特色，满足了年轻人追求新鲜、刺激和挑战自我的心

理，他们在短时间内获得丰富的旅游体验，释放压力，收获成就感。“City Walk”则强调在城市中漫步，随心所欲地探索小众角落。相关数据显示，选择“City Walk”的游客，其中75%的人表示希望在快节奏的生活中寻得片刻宁静与放松，沉浸在城市的烟火气与文化氛围中，感受生活的本真。“躺平游”选择乡居民宿，让游客远离城市喧嚣，回归自然，享受悠闲惬意的时光，满足了人们对“诗与远方”的向往，为疲惫的心灵提供栖息之所。避开热门景点，前往小众目的地，让游客摆脱拥挤的人群，体验独特的风景与文化。

这些新兴玩法的爆火表明消费者在旅游过程中，不再仅仅关注旅游目的地的景色和设施，更注重旅游所带来的情感体验。他们希望通过旅游获得快乐、放松、满足、新奇等情绪感受，情绪价值已成为影响消费者旅游选择的重要因素。

（二）行业先锋观点：情绪价值的核心地位

亚朵集团创始人王海军指出，酒店经营的终极产品并非单纯的房间和餐饮，而是为顾客提供情绪价值，打造充满活力、温暖人心的体验场景。这一观点深刻揭示了在文旅行业竞争日益激烈的今天，满足消费者的情感需求才是吸引顾客、提升竞争力的关键所在。

无锡君来太湖饭店也意识到在文旅市场中，谁能准确切中消费者的情绪，谁就能脱颖而出。酒店通过打造沉浸式实景茶歇，将江南文化与美食、场景相结合，为消费者提供独特的情绪价值，让游客在品茶、用餐的过程中，感受江南文化的韵味，体验到身心的愉悦与放松，进而在文旅赛道中走出了一条差异化竞争之路。

（三）“松弛感”：当代人追求的情绪关键词

在众多情绪需求中，“松弛感”逐渐成为当代人最值得追求的精神助益。在快节奏的现代生活中，人们承受着来自工作、生活等各方面的压力，渴望摆脱束缚，回归自然，享受自由自在的生活。即使无法亲身前往广阔的草原感受大自然的辽阔，人们也会通过听音乐、看书等方式，在精神上追寻那份松弛感。

在文旅消费中，这种对松弛感的追求也体现得淋漓尽致。游客向往具有城市特色的旅游目的地，更向往在旅途中体验到松弛感的生活方式。无锡君来太湖饭店的沉浸式实景茶歇，正是抓住了消费者对松弛感的追求，以茶为媒介，打造出悠然自得的茶歇场景，让游客在繁忙的旅途中，偷得浮生半日闲，享受片刻的宁静与放松。

二、无锡茶韵：江南松弛感的完美诠释

（一）茶与无锡：历史与文化的交融

无锡，这座充满江南韵味的城市，与茶有着深厚的历史渊源。在惠山古镇，至今仍保留着人们爱茶喝茶的传统。古镇上，烧香浜前古建筑林立，小河蜿蜒而过，桥边常常能看到人们支起阳伞，摆上一盏茶、一壶氤氲热气、一碟瓜子，悠闲地享受着茶歇时光。这种传统的茶歇生活，不仅是一种饮食习惯，更是无锡城市文化的重要组成部分，联系着锡式生活的人情冷暖。

无锡拥有得天独厚的茶资源，清洌甘甜的惠泉水，为名茶冲泡提供了优质水源；阳羡茶，以其独特的口感和品质闻名遐迩；精工

细作的紫砂壶，更是成为无锡茶文化的标志性符号。这些丰富的茶资源，为无锡的茶歇文化奠定了坚实的基础，也使得无锡人爱茶、懂茶，将茶融入日常生活的点点滴滴。

（二）茶中蕴含的松弛与温情

茶，在无锡人的生活中，代表着悠然自得的放松。“偷得浮生半日闲”，在忙碌的生活中，泡上一杯茶，静下心来品味茶香，感受那份宁静与惬意，成为无锡人舒缓压力、享受生活的一种方式。同时，茶也是朋友与爱人间的亲切象征，“读书消得泼茶香”，与亲朋好友围坐在一起，品茶聊天，分享生活中的点滴趣事，增进彼此之间的感情，茶成了传递温情的纽带。

在无锡的茶歇文化中，人们注重的不仅仅是茶的味道，更是喝茶时的氛围和心境。无论是在热闹的茶馆，还是在自家的庭院，一杯茶都能让人忘却烦恼，沉浸在那份松弛与温情之中，感受生活的美好。

三、君来探索：打造沉浸式实景茶歇

（一）君来雅集：融合多元文化的茶歇创新

无锡君来酒店集团近年来积极探索君来雅集的打造，以茶道为载体，将山水江南的沉静与烟火气相融合，通过创新的表达形式，展现锡式风味。酒店将无锡历史文化经典中的花道、乐道、茶道、画道、学道、商道融汇投射于茶歇这一小方天地中，精心演绎新中式茶歇的曼妙意境。

在君来雅集的茶歇中，食物不再仅仅是满足口腹之欲的存在，而是被情境化，与周围的环境、文化元素相融合，形成独特的体验场景。情境则成为传递文化的媒介，通过空间设计、装饰布置等，让游客在茶歇过程中感受到江南文化的魅力。同时，这种媒介还实现了与游客的共生化，游客不再是被动的接受者，而是积极参与到茶歇体验中，与场景、文化产生互动，使每一次茶歇都成为人、食、器、境的一期一会，变成锡式生活的久久回响，让食客收获味蕾和心境的双重滋养与升华。

（二）聚焦茶歇赛道：满足当代情绪需求

从 2023 年开始，无锡君来太湖饭店将目光聚焦于“小而美”的茶歇赛道。这一选择并非偶然，而是基于对市场趋势和消费者需求的深入洞察。在文旅市场竞争日益激烈的今天，传统的旅游产品和服务已难以满足消费者日益多样化的需求，消费者更加注重个性化、体验化的产品。茶歇作为旅游过程中的一个小环节，却蕴含着巨大的创新空间。

无锡君来太湖饭店通过提高茶歇的艺术性，从空间设计、江南味道、文化输出等多个维度展现无锡城市生活的风采，满足当代人对情绪的需求。无论是打造实景还原的场景，让游客仿佛置身于江南的自然风光和历史文化之中，还是汇聚江南城市的多重风味，满足游客的味蕾享受，还是汲取江南风韵的优雅精髓，传递江南文化的独特魅力，饭店都致力于为游客提供与众不同的茶歇体验，让游客在茶歇过程中获得情感的满足和心灵的愉悦。据统计，2024 饭店茶歇及文创产品的销售额同比增长了 23%，成为新的盈利增长点。

四、茶歇设计亮点：多维度的独特体验

（一）专注“真”场景还原：营造沉浸式空间

1. “冬日向暖”：感受自然丰饶

在“冬日向暖”主题茶歇设计中，无锡君来太湖饭店以秋日的惠山为蓝本，进行了逼真的场景还原。为了营造出真实的秋日氛围，工作人员收集了上万片银杏落叶，经过仔细地清洗和烘干后，铺满整个茶歇地面。金黄的落叶仿佛给大地铺上了一层厚厚的地毯，让人仿佛置身于秋天的惠山脚下。同时，饭店还在茶歇现场种下了几棵柿子树，几百个柿子挂满枝头，沉甸甸的果实散发着诱人的光泽。游客围坐在树下，不仅可以欣赏到美丽的秋日景色，还能亲手摘下新鲜的柿子，品尝大自然的馈赠，感受大自然的丰饶与美好。这种身临其境的体验，让游客在城市中也能感受到大自然的魅力，收获满满的惊喜与感动。

2. “桃喜”主题：品味无锡甜蜜

无锡阳山水蜜桃声名远播，以其“甜度”和“颜值”征服了无数消费者。无锡君来太湖饭店以阳山水蜜桃为主线，设计了“桃喜”主题茶歇。饭店将挂满阳山水蜜桃的桃树从阳山脚下移植到茶歇现场，微风吹过，一颗颗水蜜桃在枝头轻轻摇动，散发出阵阵诱人的桃香。游客走进茶歇现场，仿佛走入了盛夏的桃林，感受到来自无锡的甜蜜。

为了进一步丰富“桃喜”主题茶歇的文化内涵，饭店还与非遗

大师联名创作了"'桃'你喜欢"无锡泥人系列文创产品。在场景搭建中，充分借鉴了锡绣、留青竹刻等无锡非遗文化元素，将传统经典与现代创意相结合，让游客在品尝美食的同时，也能深入了解无锡的传统文化，形成了令人念念不忘的新"乡愁"。

3. "观夏"系列：领略山水江南

"观夏"系列主题茶歇汲取了"运河水弄堂"的灵感，引入了清爽宜人的荷塘水景。茶歇现场，荷叶田田，荷花绽放，呈现出"接天莲叶无穷碧，映日荷花别样红"的山水真江南美景。游客可以坐在荷塘边，一边品尝着香茗和美食，一边欣赏着荷塘的美景，感受江南夏日的清新与宁静。微风吹过，荷叶和荷花轻轻摇曳，送来阵阵清香，让人心旷神怡，仿佛穿越时空，回到了古代的江南水乡。

4. "锡园"主题：回溯旧时光

饭店借鉴钦使第薛家花园的造景风格，打造了"锡园"主题茶歇，重现了旧时的戏园堂会场景。茶歇现场布置着明清案几、重重竹影，摆放着八仙桌和盖碗茶。游客坐在八仙桌旁，品尝着盖碗茶，听着堂会戏台上江南丝竹、吴歌小调、锡剧清音轮番上演，徐徐送来《无锡景》《珍珠塔》等选段。在悠扬的乐曲声中，游客仿佛穿越到了过去，体验到了旧时无锡的繁华与热闹，感受着传统文化的魅力。

（二）专注城市风味：呈现无锡美食盛宴

1. 还原无锡街巷美食

无锡的美食文化源远流长，有众多令人垂涎欲滴的小吃。无锡君来太湖饭店在茶歇设计中，将无锡人心中的“回忆杀”——山水豆腐花、惠山油酥、开口笑、梅花糕、桂花甜酒酿、桂花糖芋艿等小吃原汁原味地还原到茶歇中。不仅如此，饭店还还原了这些小吃的叫卖方式，让游客仿佛置身于无锡的街巷之中，感受到浓厚的烟火气。游客在品尝这些美食的同时，还能了解无锡的饮食文化和历史变迁，开启一场舌尖上的无锡之旅。

2. 创新“无锡甜”系列

作家汪曾祺曾说，无锡，是中国最甜的城市。无锡君来太湖饭店以“无锡甜”为主题，巧妙地将当季鲜果融入甜点制作中，打造出了形态各异、风味独具的“无锡甜”系列。以“桃喜”系列为例，不仅用桃树造景，更以水蜜桃为主题对甜点进行再创作。其中，活灵活现的玫瑰流心水蜜桃，咬一口，香甜的桃汁和玫瑰馅料流淌出来，口感丰富；甜蜜柔润的蜜桃双层布丁，入口即化，让人回味无穷；深受大家喜爱的乌龙桃桃茶饮，将乌龙茶的醇厚与水蜜桃的清甜完美融合，清爽可口。除了阳山水蜜桃，春天的太湖翠竹、夏天的璜土塘西瓜、马山的杨梅、大浮的醉李等各种无锡风物，也以各种形态出现在茶歇中，为游客带来一场丰富多彩的味觉盛宴。

3. 中西合璧的美食创意

为了满足不同游客的口味需求，无锡君来太湖饭店还在茶歇中融入了中西合璧的美食创意。饭店用巧克力做成了黑白围棋、国际象棋、宜兴紫砂壶等造型，既有趣味性，又富有创意；用宜兴特产富硒百合制成了软糯香甜的莲花慕斯，将养生与美味完美结合。这些独特的美食创意，让游客在品尝江南美食的同时，也能感受到国际化的美食魅力，使江南味道以一种全新的方式走向世界。

（三）着重江南风韵：创新体验形式

1. 可观可感的互动空间

无锡君来太湖饭店的茶歇注重创新体验形式，通过几十种不同场景的搭建，打造了人与自然的交流互动空间。茶歇采用围炉的形式，让游客围坐在温暖的炉火旁，一边品茶聊天，一边感受着炉火的温暖和茶香的四溢；或是采用喝茶听曲的形式，让游客在悠扬的乐曲声中，品味茶香，放松身心。这些创新的体验形式，吸引着游客坐下来，聚在一起，在谈笑风生中拉近了人与人之间的距离，让游客在茶歇过程中不仅能品尝美食、欣赏美景，还能与他人互动交流，分享快乐。

2. 可听可赏的文化盛宴

在茶歇过程中，游客还能享受到一场可听可赏的文化盛宴。荷塘深处的小船上，一曲《如梦令》将游客的思绪拉入初夏荷风习习的“藕花深处”，让游客仿佛置身于江南的水乡画卷之中；堂会戏台上，江南丝竹、吴歌小调、锡剧清音轮番上演，让游客领略到无锡传统文化的魅力。游客可以跟着演员一起唱锡剧，学说吴语，亲身感受传统文化的博大精深。这种古老与青春共生、风雅与通俗并存的文化体验，让游客在欣赏文化艺术的同时，也能深入了解无锡的历史文化，感受江南文化的独特韵味。

（四）融入情感共生：传递幸福与快乐

1. 情感体验的多元满足

无锡君来太湖饭店打造的沉浸式实景茶歇，不仅是一场美食和文化的体验，而且是一次情感的交流与互动。当游客坐在柿子树下，摘下那颗红彤彤的柿子，品尝着果实的甜蜜，同时也收获了初冬的温暖；当游客品尝太湖翠竹、山水豆腐花、梅花糕、玉兰饼等美食时，不仅满足了味蕾，而且收获了美好生活的体验；当游客坐在八仙桌旁嗑瓜子、聊天，听着江南小调、学着吴侬软语时，感受到的不仅是江南风情，更是满满的人情味；当游客从桃树下经过，从小姑娘手里拿到包裹着祝福的小桃篮时，收获的不仅是一份特别的礼物，更是喜悦和祝福。

茶歇场景的营造，通过不同元素的组合，将当地的自然、人文、景观完美融合，同时兼具感知、观赏、交流、学习等多种社交功能。茶歇现场的环境、音乐、美食、互动等元素，集中满足了宾客们不同的情感体验，打造了一个能与其产生情感交互的独特空间，从而传递幸福和快乐，增进情感的共鸣。

2. 文化传承与情感纽带

饭店希望通过茶歇这个小而美的空间，让越来越多的人了解无锡、了解江南文化、了解中国精神。每一场茶歇都是一次文化的传承与传播，游客在体验茶歇的过程中，不仅能感受到江南文化的魅力，还能与无锡这座城市建立起情感的纽带。这种情感的连接，让游客对无锡产生深厚的感情，成为无锡文化的传播者，吸引更多的人来到无锡，感受这座城市的独特魅力。

五、行业启示：创新驱动与用户洞察

（一）君来模式的创新价值

1. 突破传统酒店功能局限

无锡君来太湖饭店的沉浸式实景茶歇突破了传统酒店仅提供住宿和餐饮的功能局限，运用生活美学和在地文化，在酒店内塑造了一个全新的功能空间。这一创新不仅丰富了酒店的产品业态，还为酒店在激烈的市场竞争中找到了差异化的竞争优势。传统酒店收入来源主要依赖客房和餐饮。而君来太湖饭店的茶歇产品，成了酒店在住宿和餐饮之外的又一核心吸引力，无锡君来太湖饭店积极开创了衍生业态——“无锡礼”文创好物店，用于展示和销售无锡的在地风物特产、文创产品等，将文化与商业有机结合，为客人提供具有纪念意义的伴手礼，吸引了更多游客选择入住酒店，为酒店带来了新的收入增长点。同时，2024 年无锡君来太湖饭店还把沉浸式茶歇产品与客房打包、融入酒店婚寿喜宴，形成新的消费场景，实现了 742 套的销量。

2. 引领酒店产品迭代升级

无锡君来太湖饭店的茶歇产品为传统酒店产品的创新和迭代提供了新的思路。酒店不应局限于传统的模式，而应打造具有特色的主题，以一个能打动住客的核心内容吸引游客。这个核心内容可以是独特的餐饮体验、优美的景观、深厚的历史文化展示，也可以是富有创意的设计感和美感。无锡君来太湖饭店通过茶歇产品，将江南文化融入酒店服务，实现了产品的迭代升级，为酒店行业的发展提供了有益的借鉴。同时也促进饭店通过各种跨界合作来促进产品的不断创新。比如，无锡君来太湖饭店与高奢品牌 LV 合作的“君来秋馥夜宴”、联合宾利品牌推出的联名下午茶，接下来还准备和故宫合作，共同开发系列文创产品，这些都是正在做的一些年轻态、市场化的探索。

（二）精准把握用户需求

1. 细分市场下的目标客群定位

疫情后，旅游市场不断细分，用户分为大众用户、核心用户和天使用户三类。无锡君来太湖饭店的多场景茶歇产品精准定位了目标客群。对于追求性价比的大众用户，饭店通过合理控制成本，提供丰富多样又价格亲民的茶歇体验；对于具有一定消费能力且对产品选择苛刻的核心用户，饭店在场景打造、美食品质和文化体验上精益求精，满足他们对品质和独特性的追求；对于如“Z 世代”“10 后”（包括亲子用户）以及“60 后”“70 后”退休的银发族群这类天使用户，饭店针对性地设计符合他们兴趣和需求的茶歇主题。

2. 满足用户多样化需求的策略

旅游行业面临着让游客复游和消费的难题，不同用户对同一产品需求不同，且需求变化迅速。无锡君来太湖饭店通过不断创新茶歇产品来满足用户多样化需求。在场景设计上，紧跟潮流热点和用户喜好，推出不同主题的茶歇场景，保持新鲜感；在美食方面，除了传承经典的无锡风味，还结合季节和流行趋势，不断研发新的菜品和饮品；在文化体验上，增加更多互动环节，如邀请游客参与制作江南传统手工艺品、学习江南戏曲等，提升游客的参与度和体验感。此外，饭店还注重收集用户反馈，根据用户意见及时调整和优化产品，确保产品始终符合用户需求。

（三）内容、场景与情绪的深度融合

1. 内容打造为产品的实践

在内容为王的时代，无锡君来太湖饭店将江南文化、美食文化等丰富的内容转化为具体的茶歇产品。从茶歇场景中的一景一物，到品尝的每一道美食，再到参与的每一个文化活动，都是精心打造的内容的体现。例如，在“冬日向暖”主题茶歇中，收集银杏落叶、种植柿子树等打造的秋日场景以及围绕柿子开发的特色美食，都是将“冬日温暖、自然丰收”的内容具象化，让游客能够切实感受到、体验到，而不是仅停留在概念层面。

2. 场景承载与情绪激发

茶歇产品把内容完美地融入各个场景之中，通过场景的营造来激发游客的情绪。“观夏”系列主题茶歇的荷塘水景场景，让游客身处其中，自然而然地产生宁静、惬意的情绪；“锡园”主题茶歇的戏园堂会场景，能唤起游客对传统文化的热爱和对往昔生活的遐想。这些场景不仅是视觉上的呈现，还通过声音、气味等多维度的感官刺激，全方位地触动游客的情绪，让游客沉浸其中，获得独特的体验。这种将内容落地场景，并成功激发游客情绪的模式，使茶歇产品具有强大的吸引力和传播力，让游客在社交媒体上主动分享，达

到了良好的宣传效果。

六、结语

无锡君来太湖饭店的沉浸式实景茶歇，以创新为笔，蘸着江南文化的墨汁，在文旅画卷上绘出了浓墨重彩的一笔。它精准地捕捉到了当代消费者对情绪价值的追求，将茶歇从简单的餐饮环节，升级为融合文化体验、情感交流的综合性文旅产品。

从场景还原的匠心独运，到城市风味的精心呈现；从江南风韵的创新表达，到情感共生的深度营造，每一个细节都彰显着君来太湖饭店对品质的执着追求和对市场需求的敏锐洞察。这一成功案例，不仅为酒店自身的多元化发展注入了强劲动力，更为整个文旅行业提供了宝贵的经验借鉴。

在未来，随着旅游市场的持续变化和消费者需求的不断升级，更加需要我们以创新的精神，深入挖掘在地文化，精准定位目标客群，将内容、场景与情绪深度融合，不断推陈出新，为游客创造更多独特而美好的文旅体验，在激烈的市场竞争中赢得一席之地，共同推动文旅行业迈向新的高度，让更多人在旅途中收获丰富的情绪价值和难忘的回忆。

杨　艳

无锡君来太湖饭店总经理

开篇语：

浙江云上文旅集团于2015年起开始投资建设位于浙江省湖州市安吉县大余村区块的赤豆洋荒山项目，即云上草原国际山地旅游度假区，有力促进共同富裕和乡村振兴，成为“两山”理念转化的生动践行者和全国山地旅游的引领者。

云上草原国际山地旅游度假区项目规划投资总额60亿元，拥有悬崖心跳乐园、高山草原、云上滑雪等十大内核，春赏花、夏避暑、秋登山、冬滑雪的四季亮点以及景区+酒店+冰雪运动的三大重点业态。云上文旅集团凭借着独特的资源观，打造独特的山地旅游项目，坚持着独特的服务模式，力求把安吉打造成南方最具规模的滑雪胜地和能避暑玩水的四季山地旅游度假目的地，开拓乡村振兴文旅路径，带动大余村实现共同富裕。

云上草原国际山地旅游度假区

从浙北荒山之巅，走出“两山”共富路

2005年8月15日，时任浙江省委书记的习近平同志到安吉调研时首次提出绿水青山就是金山银山的科学论断。* 受余村发展模式的启发，浙江云上文旅集团自2015年起，着手投资开发位于浙江省湖州市安吉县大余村区域的赤豆洋荒岭项目，也就是如今的云上草原国际山地旅游度假区。该项目有力推动了共同富裕与乡村振兴，成为“两山”理念转化的鲜活实践者，更是全国山地旅游领域的引领者。

云上草原国际山地旅游度假区计划总投资60亿元，涵盖悬崖心跳乐园、高山草原、云上滑雪等十大核心板块，拥有春赏花、夏避

---

* 来源：人民网

暑、秋登山、冬滑雪的四季特色以及景区、酒店、冰雪运动三大核心业态。云上文旅集团凭借独到的资源理念，打造特色山地旅游项目，坚守独特的服务模式，致力于将安吉打造成南方规模领先的滑雪胜地和可避暑戏水的四季山地旅游度假目的地，开拓乡村振兴的文旅路径，带动大余村实现共同富裕。

一、独特的荒山资源观，革新景区开发思路

在我国山地旅游市场中，具备核心资源的景区始终是游客的首选。例如，作为"五岳"之首的泰山，拥有独特的地质价值与深厚的历史文化底蕴；被誉为"中国佛教四大名山"之首的五台山，蕴含着丰富的古建筑资源与佛教文化资源；素有"五岳归来不看山，黄山归来不看岳"之称的黄山，凭借其"五绝"奇景与深厚文化享誉国内外……

这些山地景区吸引游客的共同之处，在于它们都拥有丰富的核心资源，无论是地质奇观、历史遗迹，还是文化传承。这些资源是不可再生的自然财富，也是文化遗产的精华。因此，这些山地景区往往能凭借其独特的资源优势，保持长久的旅游吸引力并产生良好的经济效益。对于旅游开发者而言，如何以可持续、创新的方式利用这些历史文化遗产与自然地理资源进行景区开发，已成为值得深入思考的问题；此外，在缺乏强大历史文化资源和核心地理资源支撑的情况下，如何打造出独特的旅游吸引力，是景区开发者和管理者面临的一大挑战。

在此背景下，如何创新景区开发理念，特别是对传统观念中“贫瘠”的荒岭、荒地进行开发利用，成为新的研究课题。在多数人看来，这些荒岭可能只是贫瘠且不起眼的资源，难以产生较高的经济效益。然而，正是这种固守传统开发模式的思维，限制了荒岭、荒地潜力的发挥。相反，发掘这些看似“荒废”土地背后的独特资源，以创新视角审视这些资源，在保护“绿水青山”的同时打造“金山银山”，或许能为当今旅游业带来意外的惊喜。

大余村赤豆洋荒山海拔1168米，地处浙江省湖州市安吉县山川乡，原本是大片经济效益低下的毛竹林。由于地理位置偏远，周边村庄相对落后，经济水平不高，如何有效提升当地经济发展水平，长期以来一直是困扰当地居民和政府的难题。过去多年，当地经济增长陷入瓶颈。毛竹林虽在一定程度上为村民提供了收入来源，但整体经济效益难以突破。如何利用这片土地的资源推动当地持续发展，成为亟待解决的问题。

不过，云上文旅集团董事长孙晓东凭借独特的眼光和战略思维，发现了赤豆洋荒山的巨大潜力。孙晓东及其团队考察该地区后认为，尽管赤豆洋荒山的自然景观看似并不突出，但其自身的地理优势和气候条件为开发提供了无限可能。作为浙北第二高峰，赤豆洋具有四季常绿、冬季有雪等自然特征，这些独特的自然景观足以吸引各类游客。同时，赤豆洋所在的安吉位于长三角黄金旅游区的核心地带，到杭州仅需约1小时车程，距上海和江苏也仅2.5小时车程，这些地理位置优势为其旅游开发提供了得天独厚的条件。在孙晓东眼中，这样的高海拔荒地实则是文旅资源的宝地，可打造成极具吸引力的山地旅游景区。这一决策不同于传统景区的资源开发模式，转而关注那些原本不被看好的荒地，重新审视其潜力，开创了全新的旅游开发模式。这种对“荒山秃岭”开发的认知，颠覆了景区开发的资源观念。

于是，秉持泛旅游时代全新的动态资源观，突破自然观光景点和人文风情的局限，孙晓东和团队果断决定投资开发大余村赤豆洋荒山旅游项目。在开发过程中，他们对赤豆洋荒山进行了复绿养护和生态修复。通过一系列生态保护措施，恢复了荒岭的植被，逐步改善了当地生态环境。经过长时间的复绿养护开发，将悬崖竹林打造成了一处四季综合性生态旅游度假区，以文旅产业这一“绿色矿产”实现大余村的可持续发展，真正将实际资源与“两山”理念相结合，打造出一座春可赏花、夏能避暑、秋宜登山、冬可滑雪的“金山银山”，在绿水青山间践行生态发展，与山河共此青绿。

二、以年轻市场为核心，创新四季山地旅游产品体系，扩大人群覆盖范围，让冷资源成为热经济

（一）年轻市场驱动，创新山地旅游产品

如果说选择“荒岭秃山”体现了“非同寻常”的独特资源观，那么在产品开发上，孙晓东及其团队也另辟蹊径，没有局限于观光产品，而是大胆定位为年轻群体的山地互动产品，将海拔与落差作为卖点。在项目规划设计中，锁定追求刺激、喜爱打卡、热衷分享

的年轻人市场，深入研究他们的旅游喜好，重点建设富有趣味性、互动性与康体性的山地旅游产品，力求打造能激发年轻人兴趣的山地互动项目。

在这一思路的指引下，云上草原国际山地旅游度假区应运而生。作为云上文旅集团的核心项目之一，该度假区占地约 6.2 平方公里，总投资达 60 亿元，致力于创新四季山地旅游产品体系，吸引了大量年轻游客的关注，迅速成为热门旅游目的地。

依托 1168 米的高海拔、700 米的绝对高差、14.7℃的年平均气温、93.2% 的植被覆盖率等天然地理气候环境优势，云上文旅集团依据山体特征进行开发，先后打造出云上草原的爆款 IP——悬崖心跳乐园、高山草原两大高山产品，包括天空之阶、悬崖秋千、彩虹滑草、飞拉达·悬崖穿越四大王牌项目以及包含“窝囊版蹦极”、高空自行车在内的 30 余个高山草原游乐项目。这些惊险刺激的悬崖游乐项目能一站式满足年轻群体的游玩需求，吸引了无数游客前来挑战。

打造全新的游览线路“登山游步道”，全长 6 公里，徒步登山时间 3~4 小时，连接入口与主景区，线路直达 1168 米主峰，被誉为“华东最美登山道”。这里拥有绝美的自然景观和富含负氧离子的清新空气，同时推出登山徒步户外项目，多次承办滑雪公开赛、“两山”山地户外运动多项赛等各类文化赛事活动，吸引了大量登山爱好者。

除了日间的登山游玩，云上草原还提供丰富的夜间游玩项目，如云上夜游夜爬、大马戏；在高山草原区域，游客还能与萌宠亲密互动，亲近自然，满足游客在不同时段、不同风格的游玩需求。

地处浙北之巅，四周竹海环绕，云上草原景区突出高山悬崖草原的创意山地互动玩法，创新多种旅游服务项目，初步盘活了赤豆洋荒山的“冷资源”。

（二）全客群覆盖，打造多元化度假体验

然而，仅围绕年轻客群远远不够，只有当人群数量增长后，收益才会有所提升。云上文旅集团将目标人群从年轻群体、高端度假群体扩展到亲子客群，打造相应的游乐项目，同时配置不同消费层级的度假酒店、配套设施与活动，实现了全客群覆盖，大幅增强了度假区的抗风险能力。

因此，继云上草原山上的山地游乐项目之后，云上文旅集团又在山下为亲子客群投资建设了三期项目之一的熊猫部落探险乐园。该乐园规划面积 656 亩，依托真山真水、原乡原野的自然风貌，打造独特的全时全季全龄旅游和户外超大熊猫 IP 游玩场景，包括全长 2200 米的天路飞车、全长 1500 米的竹间漂流、威亚飞人、熊猫蹦床等竹林间的游乐项目，并建造了全新的登山方式——熊猫上山，让游客可以坐着上山，再开着卡丁车下山，为家庭亲子游客提供了丰富的娱乐互动体验。

此外，云上草原度假区的配套设施也在逐步完善：景区配套的会务接待中心位于山下度假村中心位置，涵盖多种特色美食餐饮、多功能会议厅等服务空间，满足各类人群的会务需求；建造了各具特色的二期度假酒店，包括山下的松鼠部落酒店、云山境度假酒店、半山隐竹酒店以及山上的1168星空天文酒店，为游客提供多样化的住宿选择；配套漂流、温汤、四季活动IP等，让游客从山上玩到山下，从白天玩到黑夜，从春天玩到冬天，真正创新了服务形式与品质，使安吉成为绿水青山中的“金山银山”。

（三）冰雪新潮，带动南方冬季旅游市场

近年来，冰雪旅游趋势兴起，南方冰雪市场规模庞大，冰雪游成为新的国潮。

云上文旅集团瞄准南方冰雪户外运动的发展方向，结合安吉雪期可从12月延续至次年3月的特点，在云上草原规划打造中国南方规模最大的户外滑雪场。该滑雪场总占地面积40万平方米，配备2万余套专业雪具，使用先进造雪机保障单日最大造雪量，并在发展过程中不断升级改造。2024—2025年雪季，又增加了中级雪道的数量，全部雪道可同时容纳1.5万人滑雪，同时专门引进500余名专业滑雪教练，提供更专业、优质的服务，吸引了全国各地的滑雪爱好者与游客前来体验，尤其是江浙沪地区的年轻群体；还配备了嬉雪乐园，让不会滑雪的大人和小朋友也能在云上畅快玩雪。2025年春节期间，云上草原单日最高入园人流量突破1万人次，填补了南方冰雪旅游的空白，在“冷”中求“热”，成为南方冰天雪地里的“金山银山”。

云上草原度假区利用南方稀缺的高山自然资源，推动生态度假旅游全域发展，重点打造“高山悬崖游乐、星空滑雪、野奢度假群”三大内核板块及民宿、温泉度假等配套项目，带来“春赏花、夏避暑、秋登山、冬滑雪”的高山四季度假全体验，深入挖掘“山地观光、山地运动、山地度假、山地康养”的内涵，造就了“云上一天草原四季”的独特美誉。

自2019年7月开业以来，云上草原的客流量和营业收入逐年增长，2019年开业当年实现营收0.5亿元；2023年较2020年营收年复合增长率达50%；2024年全年，云上草原度假区累计接待游客人数110余万人次，实现营收5亿元。昔日荒无人烟的天荒坪，变成了人流如潮的网红景区，“绿水青山”真正转化成了“金山银山”。

在营销方面，云上文旅集团在线上线下均表现出色。凭借团队的账号布局与推广销售策略以及云上草原本身强大的项目影响力，云上草原度假区在抖音热度榜多次位居第一，且常年位居各大旅游平台榜首，彻底将浙江省湖州市安吉县大余村赤豆洋荒岭无人问津的冷资源，转变为炙手可热的热经济，成为全国为数不多的四季盈利型景区，真正实现了云上草原从“网红”到“长红”的转变。

当然，云上文旅集团的核心发力点还是在产品创新上。未来，集团将继续围绕竹林山海、悬崖山巅进行项目创新。经过20余年的文旅实践，形成了企业核心智库，通过集团旗下“创意研究院、规划设计院”双院的智慧支持，将山地内容与山地场景创新融合，构建全时全季的山地系统和“四季峰景”产品体系，破解山地旅游的季节性难题，实现四季皆有乐趣的全季产品闭环。2025年年初，云上文旅集团更是推出了“云上礼遇”服务品牌，完善特色服务体系，为游客带来更加新奇、经典、温暖的旅游度假体验，力求成为中国山地旅游目的地的引领者。

三、旅行社转型的典范，开拓乡村振兴文旅路径，带动地方经济发展

（一）云上文旅集团的转型与战略布局

云上文旅集团起源于江苏省常州市，最初从一家旅行社起步，凭借敏锐的市场眼光和扎实的运营能力逐步发展壮大，巅峰时期年营业额接近17亿元。其创始人孙晓东在深入研究中国旅游业发展后，预见了旅行社行业的发展趋势，明确了企业的转型方向，瞄准山地旅游发展新赛道，提出“找到一座山，创意开发一座山，成功推广一座山”的理念。之后，通过精准的市场定位和前瞻性的投资眼光，果断投资了无人看好的大余村赤豆洋荒山生态文旅项目。

尽管该项目初期并不被广泛看好，但孙晓东和团队凭借对山地资源的深刻理解以及对未来旅游趋势的精准把握，最终做出了正确决策：从经营旅行社到开发景区，再到打造旅游目的地。这一投资为云上文旅集团带来了新的发展机遇，推动了云上草原景区的建设与发展。从此，云上草原景区逐渐成为大余村的一枚“强力磁铁”，成功将绿水青山间闲置和低效利用的各类资源转化为有效的经济产出，为大余村注入了新的生命力。以文旅产业为核心，将大余村区域零散的餐饮业、酒店业、零售业、交通业、房地产等多个产业有效整合，在实现商业收益的同时，最大化提升了生态产业价值和强村富民效益，实现了文化旅游与乡村振兴的深度融合。

项目的推进不仅改变了当地的经济面貌，还促进了当地文化的传承与发展，增强了乡村的吸引力，提升了民众的获得感与幸福感，推动了乡村振兴战略的实施，形成了良性的互动与共赢局面。

（二）乡政府与云上文旅集团共同推动可持续发展

山川乡依托云上草原项目，优化了转让、合作、入股等交易方式，实现了闲置资产与供需双方的高效对接。依据人才流动领域的“推拉理论”，当前生态环境对资本、项目、人才的吸引力越来越大，同时资本、项目、人才也在不断推动云上草原景区的发展，形成了“推拉理论”中的良性循环。大余村与云上草原利用山地旅游这一“绿色矿业”实现了可持续发展，助力乡村振兴，在“两山”理念的引导下，最大化提升了生态之美的产业价值和强村富民的效益。

同时，乡政府也在大力提振消费，积极为景区提高承载力提供支持。2024 年旅游旺季时，乡政府制定了人流分级预案，征求当地居民意见、统筹管理私人停车位，为游客提供更多停车位，保障游客出行便利；景区内，云上文旅集团重新规划游客动线，提升景区交通流畅度，并于 2024 年 8 月开放运营全新的游客服务中心。双方共同发力，为游客带来了更高质量的多元消费体验。

（三）文旅助力乡村振兴

数据显示，2023 年云上草原景区为安吉县山川乡创造了年接待人数 220 万人次、旅游总收入超 9 亿元的经济效益。村民人均收入从几年前的 2 万多元增加到 7 万多元，增长了 3 倍，这一增长得益于云上草原景区的发展。景区不仅吸引了大量游客，还为当地创造了大量就业机会，提供了1600余个直接就业岗位和约8000个间接就业岗位，极大地促进了当地居民的就业与收入增长。与此同时，民宿产业也得到了极大发展，从原来仅有的2000多张床位的民宿农家乐，扩大到20000多张床位。住宿业的飞跃也推动了整个旅游产业的发展。

云上草原开业当年，余村接待游客人数115万余人次，村集体经济总收入达2247万元，这一收入还未包含民宿、冬季雪服雪具销售和夏季水枪装备租赁等附加收入。天荒坪镇也通过这一项目实现了快速发展，项目周边各村集体经营性收入平均超过450万元。在发展旅游业的同时，云上文旅集团还帮扶周边乡镇销售农副产品，提供线上线下营销服务。

曾经以毛竹林为生的安吉县山川乡，依托云上草原项目，既保护了绿色生态，又实现了老百姓创业增收、村集体经营壮大的目标。山川乡及大余村良好的旅游环境所带来的人才、信息、资本、项目，也不断推动着云上草原景区的发展，真正实现了投资方创收盈利、乡政府实力增强、乡村与景区共同富裕的双向奔赴，展现了旅游产业与乡村经济深度融合的巨大潜力，为乡村振兴提供了可持续的发展路径。

四、拥抱大余村，续写新的辉煌

（一）迁入余村

在“中国特色社会主义新时代”的号召下，云上文旅集团以

"两山"理念为指导思想，迈出了重要一步。2024年年初，云上文旅集团将注册地正式迁入余村，这一战略举措彰显了集团在推动绿色发展、促进乡村振兴方面的坚定决心。大余村位于安吉县的大山深处，素有"绿色生态村"的美誉，其得天独厚的自然资源和良好的生态环境，让云上文旅集团看到了广阔的文旅开发潜力。

云上文旅集团以"两山"理念为核心理念，在绿水青山和金山银山之间找到了平衡。集团深刻理解这一理论，致力于探索绿水青山与金山银山转化的新路径。在此过程中，集团力求加快从"点"到"面"的转变，即从单一景区开发转向整合乡村旅游资源，实现乡村旅游的全方位发展。云上文旅集团在大余村的项目并非单纯的旅游景区，而是通过系统性开发，将多个景点、产业和服务有机融合，推动整个区域的经济发展与生态保护并行不悖。同时，云上文旅集团还将在浙江、江苏继续投资、运营新项目，布局长三角地区，创新"山地旅游"产业，实现规模连锁化发展。

此外，云上文旅集团在推动旅游项目发展的同时，注重从"观光"向"度假"转型。传统旅游形式更多强调观光、拍照和短暂停留，而现代度假旅游更注重游客的沉浸式体验、休闲度假和长期逗留。这一转变不仅能提升游客的满意度和消费水平，还能延长游客停留时间，进一步促进当地经济发展。在此过程中，云上文旅集团致力于将大余村打造成四季皆宜的山地旅游度假目的地，不仅在夏秋季吸引游客，而且在冬季提供滑雪等冬季运动项目，让游客全年都能找到适合的、新颖的活动和休闲方式。

云上草原以大型景区聚集年轻人流，以青春消费力拉动社会投资和村民就业，形成众星捧月、星月交辉的局面，成为以旅游带动乡村振兴的云上模式。在业主方习惯于委托管理的当下，云上文旅集团数年如一日坚持自营，云上草原的成功表明：创新才是最大的生产力。

云上文旅集团弥补了大余村文旅产业振兴的短板，努力实现通过一个项目带动一个乡域建设，将大余村打造成四季山地旅游度假目的地，开启大余村与云上文旅融合发展的新篇章。

（二）融入大余村

云上文旅集团迁入余村后，对当地旅游资源进行了深度整合与优化。为了更好地运营大余村的旅游度假产业，云上文旅集团探讨成立大余村旅游共富发展有限公司，负责运营大余村的旅游度假产业，包括游客中心、景区交通、云上天路、大余村索道等项目。这将进一步带动天荒坪镇上万张床位规模的民宿发展，扩大云上草原度假目的地的半径和接待容量，吸引更多游客前来大余村度假、休闲、娱乐，形成更大的市场规模，实现绿水青山与金山银山的双向赋能以及余村内各个文旅项目的串珠成链。

（三）壮大余村

随着云上文旅集团在大余村的深度融入，未来将迎来更广阔的发展空间。后续，云上文旅集团将开启“全产业链服务商”轻资产连锁发展模式，与更多产业及合作方携手，将安吉打造成南方冬季规模最大、品质最优的滑雪胜地和夏季可避暑玩水的四季山地旅游度假目的地，成为践行“两山”理念的生动文旅实践，续写大余村新的辉煌。

丁　颢

浙江云上文旅集团副总裁兼目的地发展事业部总经理

开篇语：

在旅游行业蓬勃发展的当下，投资热度持续攀升，旅游大投资和小投资，因市场定位、资源禀赋等因素的影响，衍生出截然不同的盈利模式。它们各自有着怎样的机遇与挑战？企业又如何找准投资方向，实现盈利？无锡君来太湖饭店、云上草原国际山地旅游度假区等演绎着旅游投资的底层逻辑与未来趋势，值得我们深度探讨。

主持人：

付　磊　中国旅游协会休闲度假分会副会长，全国休闲标准化技术委员会副秘书长

嘉　宾：

陈妙林　中国旅游协会副会长，浙江省旅游协会会长，开元旅业集团创始人

肖潜辉　中国旅游集团中旅旅行服务公司外部董事，复旦大学兼职教授

张树民　中国旅游协会旅游营销分会副会长兼秘书长，华侨城（深圳）旅游发展集团有限公司执行董事、党委书记、总经理

圆桌论坛（三）

旅游大投资和小投资的盈利模式

付磊（主持人）：我们这个环节的话题是“旅游大投资和小投资的盈利模式”。如果把六届以来的“中国服务”推介案例放在一起做比较，可以很明显看到一个变化，大的项目比如投资额几十亿元、上百亿元项目的比例在逐渐下降，像一些创意性的、资产轻的案例比重逐渐增加。圈里面大家也形成了一个意识，是不是旅游大投资的时代已经过去了。

旅游投资的目的是明确的，就是为了扩大再生产。第一种是外延式扩大再生产，往往就是上项目，要从 0 到 1 形成产品，像云上草原就很典型。第二种是内涵式地扩大再生产，就像无锡太湖君来饭店的主题茶歇，实际上是通过产品和服务的优化来提升能力和竞争力。

我们先请陈总开始。简单说，大小、轻重、缓急，可能就是旅游投资的基本道理和未来的趋势。投资的结果是重资产或者轻资产，大家认识到要做轻资产的话，前提是先有重资产投入，之后才会有轻资产输出。但是这两年很多项目的逻辑起点就是轻资产，投入不超过1000万元，回报期不超过两年甚至一年，反正见好就收。比如，演唱会和节会活动，这不是传统认知上的投资，但成为各地政府喜欢的项目。陈总您对这种现象有什么判断和认识?

陈妙林：谢谢！刚才说到投资重资产和轻资产的问题，没有重资产的投资肯定不可能有轻资产的发展。为什么？肯定要用重资产的投资来塑造品牌，然后轻资产才有可能输出，否则的话将无从谈起。

当然从重资产、轻资产的角度来说，肯定轻资产好，轻资产比较保险，重资产就比较麻烦。像中国的房地产基本上是重资产，为什么房地产都会倒，就是资产太重，对行业的变化看得不透，所以绝大多数的房地产陷入了重资产投资的陷阱。现在有房产公司说可以做轻资产，像浙江的蓝城。但是蓝城也是通过浙江的绿城从重资产开始做出的品牌，现在在做轻资产。浙江绿城重资产全部卖掉，卖给中交投，紧接着成立了浙江蓝城开始做轻资产。应该说树立了品牌以后，轻资产做得非常成功，其实我们文旅也一样，如果文旅没有重资产的投资，不可能产生品牌，像云上草原投资30亿元也好，60亿元也好，没有这个投下去，云上草原的品牌做不起来。我相信将来像云上草原这样成功的旅游企业肯定会有人请他去做轻资产，这是轻重资产的关系。

还有如果已经形成重资产投资的话，比较成功的像无锡君来太湖饭店，无锡君来太湖饭店是政府的国宾馆，在我们长三角地区一直以来是做酒店的榜样。我们曾经也去学习过，真的是做得很好。几十年如一日坚持做品牌，坚持做一件事情，把服务品质做好。约上三五个好友，煮上一壶茶，吃点小点心，这是江南人过的生活，可能和北方人的豪放有点不一样，但是江南人喜欢这种情调，所以很受客人的欢迎。也许这个茶歇可能不赚钱，但是制造了一个亮点，在现在的网络时代会有很大作用。而且因为酒店做得好，对重资产带来了很大的宣传。因为我们都做酒店，我在全国自己建的酒店有30多家，轻资产输出的有400多家，也就是说在发展的过程当中，能够坚持做好一件事情是非常不容易的。听了云上草原的介绍，因为云上草原在我们浙江是非常成功的一个旅游行业，人气爆满。虽然开业只有三四年时间，而且是在疫情期间开始的，很遗憾作为浙江旅游协会的会长，我没有亲自去考察过，但是我派两个女儿都去过，因为一个女儿在做旅游，我说你去考察一下，一个女儿是冬天去的，她喜欢在冬天滑雪，她说去了以后觉得这个地方不简单。她说，这么好的地方你怎么没发现。我说好的地方不能都让我发现了，人家已经投资七八年做下来了，而且那是座荒山，现在做了七八年之后能够做成功。我另一个女儿是春天去的，她说是非常好的项目，因此我很佩服云上草原，我下次一定要专程去拜访学习。

付磊（主持人）：谢谢陈总！轻和重是相对的。云上草原作为一个度假区现在看绝对投资是不小的。度假区本身是资金密集型的，把云上草原放在平行的度假区里比较，反而属于较轻的。无锡君来太湖饭店的茶歇，放在茶歇品类里看，绝对是属于重投入的。一般的茶歇不会有这么多的场景和载体，吃的、喝的、看的、演的，都超过我们预期和想象。轻和重是相对的，这种错配反而能够产生出奇的效果。

肖总是云上草原案例的推荐者。一般规律是做硬投资的企业转向轻运营，而云上草原恰恰是做旅行社的转向阵地战，应该说与行业通常的认识是相反的，因此必然有独特之处。所以想问一下肖总，在大家对大投入尽量躲避的情况下，为什么云上草原还是很坚决地进入度假区运营，您对它这么认可，有哪些是值得我们去思考的？

肖潜辉：谢谢主持人！我对云上草原很了解，因为我在春秋旅游做总经理的时候，孙总的常州春秋旅行社就是我们的代理，是多年的老朋友。从做旅行社到做景区的历程，我还是比较清楚的。我们现在回顾一下，旅行社是轻资产，做了云上景区是重资产。到底秘诀在哪儿，或者说成功的经验在哪儿，或者说怎么控制风险的。我认为第一点就是精准的市场定位和精明的选址结合在一起。他本身是“75后”，就是一个年轻人，而且他的爱好是很丰富的，爱汽车，对红酒也有研究，大学的时候他就创业了。他对年轻群体非常了解，不是一般性地说要做哪个年龄段的客群就去做，我认为孙董他们团队是对年轻人尤其是长三角的年轻人有非常深入的研究和把握。这一代年轻人和我们这个年龄段的人几乎相当于是两种人，他们太愿意为喜欢埋单，只要喜欢，哪怕是信用卡刷爆也要把这个单下下来。所以这一点是非常重要的。这也让我想起看到对阿那亚的创始人马总的访谈，主持人问马总你一共做了多少个阿那亚的项目，我如果没记错的话，应该是做了6个，然后他说分布在北戴河、北京和三亚等地方。十年做6个项目应该是不多的，他的回答里面有一句话让我非常吃惊。他说，我这6个项目的市场定位不是项目所在地方的周边，而是北京。他做的是北京市场，北京人冬天喜欢去三亚，所以有一个项目就在三亚。后来主持人又问马总，为什么只做北京人？马总说因为我深入了解了北京人，他们喜欢什么东西，我能够把需求变成供给，而且这是阿那亚取得成功非常关键的一点。我想这同样也是云上草原很重要的一点。至于精准选址有关的资源、区位，前面已经说过了，我就不再重复了。

还有一点也是比较重要的，酒店是一个标品，可以轻资产，国际的经验、我们自己的经验、开元的经验都能充分证明，但是景区是非标的，景区做轻资产比酒店做轻资产难100倍，很难。甚至存不存在景区的轻资产模式，我个人也打一个问号，因为这个问题很复杂。我认为他们的第二个经验就是云上文旅团队在做重资产的时候是强烈的低成本思维，以低成本思维做重资产。不是说钱随便砸，每一笔投入，每一个项目的预算，精打细算的程度，前面试错的过程都是很周密的。孙总很谨慎，旅行社别说花1亿元，花100万元心都是怦怦跳的。孙总在常州做过恐龙主题酒店，很成功，也在杭州周边做过漂流项目，还有好多的前期项目。这些都是做成云上草原的铺垫。而且我认为他在做景区的这些老板里面是看项目最多的人之一，只要听说哪个地方有好的景区项目，马上带着团队日夜兼程赶去看，最善于学习和研究，这就让他从别人的教训和经验里面了解怎么去控制风险。而且他从前面项目的不断测试中学会控制风险、控制成本，我想这一点是非常关键的，烧钱肯定是烧不出云上草原的，不够烧。

还有一点也是很重要的，控制风险是分期投的，从投第一笔钱到现在，投资没有停过，年年投，根据市场的变化不断有新业态植入云上草原，一开始从年轻人喜爱的项目开始，后续投亲子项目、疗休养项目，循序渐进。我去过一次，他们有一个新的业态也很亮——洞穴温汤，也是非常好的。不是一次性砸进去的，是不断地投，分步完善，这是非常重要的。

付磊（主持人）：云上草原的投资决策是2019年形成的，但其实在此之前就已经在市场摸索，在旅游行业沉浸很多年了。其实旅游投资行为不是头脑发热，政府来招商，给你好政策，你就进来了，事实不是这样的，还是基于自身对行业、市场的判断。

我们体验了无锡君来太湖饭店的主题茶歇。今年大家比较推崇的就是这种沉浸式、场景化的项目，包括“十一”期间引起了媒体关注的“跟着团长打县城”。有时候我也很难划分参与性和沉浸式。很多参与性的项目，很难说是沉浸式。沉浸式还是要求全身心地进入。场景化也不是在一个环境里面干完事就行了。无锡君来太湖饭店的茶歇是把一个故事引过来，大家进入角色，这就是场景化了。

沉浸式也好，场景化也好，科技的加持是不可或缺的。但我们行业本身并不掌握核心的技术，因此这种项目在推进的时候会遇到矛盾或者困难。我们请树民总介绍一下，这种困难能不能协同解决以及这种项目的前景如何？旅游企业应该注意些什么？

张树民：谢谢主持人！华侨城旅发公司主要针对自然人文类景区开展业务。面对新的形势，大家都在做创新。以我们运营管理的深圳市龙岗区的自然人文景区为例，2024 年针对新的形势，我们做了两方面的探索：上半年做了一个纯文化的探索，有点儿类似刚刚邹总谈的“长安十二时辰”的历史场景复原性的演出；下半年做了文化旅游科技的探索，引入了敦煌文化的展览，并在这个展览基础上，有 XR 科技沉浸体验。因为有创新实践，所以今天谈这个话题还是有些发言权的。结合主持人问题，我从三个方面来回答。

第一，“不掌握核心技术会不会困扰”？这一定要先作根性分析，才能说清问题本质。现在做旅游，如果不从根性思考和认识问题，就有可能又是盲目跟着潮流走弯路。刚才提这个问题的时候，我就在想，首先还要看：为什么突然之间就遍地都沉浸、遍地都场景了呢？其根本原因是什么？我们在企业一线，常常遇到突如其来的新形势和新潮流，乍接触、看不透的时候经常会焦虑到底跟还是不跟？所以逼迫着大家都必须溯源地想最本质的东西。我感觉这个潮流有几个原因：第一个原因，疫情之后的游客表达欲。我们在龙岗区的古镇，疫情之后“忽如一夜春风来”，一年内 30 多家旅拍店就开起来了，很多年轻人来，满大街都是古装和跟拍。2024 年夏天，正好我一个北京的朋友到深圳，我们聊天谈到正在进行的奥运会，他对这届奥运的感觉就是现在的中国年轻人真是太自信了，在国际赛场上既有成绩，又敢于表达，还很会表达。现在年轻旅游者也是这样，非常自信。他们展现自信，自然就会找自己民族文化的文脉元素，所以这种沉浸式的场景化的旅游方式必然会出现。第二个原因，是企业家的不断创新精神。上午和下午演讲的几位企业家，都在创新产品，都在整合资源。上午杜一力副局长做总结点评的时候，尤其讲到几位企业家都在挖掘在地文化，形成旅游场景。我感觉企业家的本能，就是不断地创新，推动旅游行业不断地向前滚动发展。刚才陈妙林董事长和肖老师也都讲到了，我不再多啰嗦。第三个，技术企业也在寻找可以转化和变现的消费大市场。从旅游视角看，尽管技术和科技力量不完全掌握在旅游企业手里，但必须看到，其他行业的企业也在转型，会在寻找应用市场的过程中和旅游消费趋势相向而行。例如刚提到我们引进“展览＋科技”的业态，曾经找了很多家进行评估和对比，最后找了北京的“时代在线”，这家上市公司原来是深耕广告业务的，后来随着市场变化，敏锐转型，前两年开始研究“元宇宙科技”和相关应用，后来感觉到旅游的应用场景和市场这么大，就开始加速推进。所以在合作的时候，我感觉他们已经是抢占了一个先机，彼此都是在相向而行。

第二，“这类项目，前景如何”？这个问题，我的观点是：前景非常广阔。主要有两个原因。第一个原因是这契合旅游企业未来发展的必然追求。传统的旅游企业，现在都需要创新突破。例如华侨城，一直以来都是在整个旅游行业遥遥领先去做业态创新，也取得了大家公认的成绩，尤其前些年在基于“旅游 + 地产”的“产品 + 利润”融合模式、大投资时代进行全国引领性产品的迭代研发等方面，都做得很成功。但现在形势变化太快，全行业的传统业态都面临提升，门票经济也都在承压。行业普遍面临的问题，华侨城也必然面临。但我们较早就认识到了“沉浸式是新的领先能力”，并一直在朝内容生产方面延伸。我记得 2022 年去贵州的铜仁谈项目，当地有一片古文化街区投了几十亿元改造，但当时里面业态比较空，如果做好肯定是能有很好的经济效益——我们当时谈的，就是看看怎么通过沉浸式或者场景化的内容进行拉动和盘活。这不是孤例，这是一个现在市场上普遍存在的突破性诉求。第二个原因是这符合行业延续递进发展的必然趋势。高总编曾讲到盘活存量的四字诀是“去、关、提、续”，我感觉很精辟。比如说，我们发现自己“有场景、有空间”是最大的既有优势，同时很多中小企业在内容生产上已经走在我们前面，那先引进来合作，就是一种很直接、很实用、很便捷的能力接续。先解决眼前能力接续、效益不下滑的问题，再解决自己研发的问题，不失为一个好办法。所以，这个行业将来可能就会朝这个“空间 + 能力”的方向发展。进一步总结，这是行业发展的驱动力量在发生变化：原来是投资为主，现在是内容为主；原来是大空间为主，现在是文化内容为主。这是行业趋势使然，是行业力量在推动，所以前景会特别大。有可能在这个过程中，会产生新的独角兽企业。

第三，从我们的角度来说，要注意什么？至少需要注意三条：

第一条是要“真沉浸”。沉浸式，肯定要先有场景化；但不是场景化了就肯定能达到真沉浸。我先后调研了很多文旅科技融合的沉浸式项目，说实话，很多项目还没等沉浸进去就很快“出戏”了，然后就怎么也再“沉浸”不进去。我给大家汇报我的个人感觉，仅代表我的个人观点：现在文旅科技沉浸式项目最好的还是《消失的法老》，可能能够紧随其后的是《风起洛阳》。《消失的法老》把整个埃及金字塔的文化讲透了;《风起洛阳》是把人带入了一个大游戏场景里面互动了。第二条是必须遵循投资的逻辑。刚才大家都讲到好多投资细节，我也有很多实践感悟，就不展开说了。第三条是要综合。一定要知道，这种沉浸式项目不是能够单独撑起来一个目的地、单打独斗就能形成核心吸引力的“唯一”力量，而只应该是综合力量中的一种力量。做项目，还是要有“综合项目”的逻辑，产品要丰富。同时，包括压成本、建团队、政商关系和未来的第二、第三曲线等都有很多门道。

付磊（主持人）：现在好多项目游客还没进入角色就结束了，沉浸式应该像泡澡那样，泡透了才能得到收获。

我们讨论投资大和小的问题，有轻和重的逻辑。根据权威机构预测，2024 年国民的人均旅游花费要超过 1000 元，创历史新高。但为什么这个新高跟我们行业的感受有很大的差别呢？其实这 1000 元是分子，行业是分母，分数的大小是由分子和分母共同决定的。分子是增长了，但分母增加得更多，因为更多的主体进入旅游业中。同样是 1000 元总花费，原来的分母是 10，现在分母是 20 了。这就是为什么我们看到整体市场繁荣，自己却没有分到那么多实惠。

企业投入确实在变轻，因为市场就在轻型化，整个市场在变轻。以前人们出门兜里要揣上 5000 元，现在 500 元就敢出去，回来还能炫耀。现在出去旅游一大圈没花钱反而是最得意的事。在整个市场变轻的情况下，我们投入的逻辑和模式肯定要做出调整。陈总做了很多品牌，在这方面感受肯定很深。我想请教一下，对旅游企业拿自己的钱投入有什么建议，或者有哪些坑是需要规避的？

陈妙林： 投资投了 30 多年了，我认为大的投资还是要充分谨慎，谨慎、谨慎、再谨慎，特别是在当前市场不确定的情况下更要谨慎。因此我们希望作为旅游投资人不要被忽悠，要充分地研究市场。特别是大投入，云上草原是比较成功的，应该说是非常成功的项目。这个项目的成功，我认为主要有四点原因。

第一，他们的创始人有战略眼光，有敏锐度。做旅行社的人对市场的敏感度比一般投资人敏感度更强一点，所以对市场有敏锐度，选址选得非常好。

第二，处于长三角中心的位置也是非常重要的。这个项目去北方投资看看，比如说你去投人烟稀少的一座山，首先经济水平不行，老百姓的消费能力不行，怎么能行呢？所以在长三角全国经济最发达地区之一的地方投资，与在其他地方投是不一样的，甚至落后地区的投资，固定成本的投资可能还要更高一点。因此，所处的经济发达地区的位置也是非常重要的。

第三，他们的团队水平很高，能一套套算出来，如数家珍，团队肯定是非常优秀的。

第四，政府的支持。我经常说投资旅游在江浙地区、长三角一带是最好的。我认为安吉县肯定对企业有很多优惠政策。

因此我觉得这四点使他们取得了非常大的成功，但是为什么我说重资产投资要小心呢，他们总投资60亿元，还有员工工资、水电成本等，其实利润也不高，但是现金流还可以。旅游企业上市是没有意思的，严格按照标准要剔除折旧，现在不上市不用剔除折旧，利润高就可以折旧折掉，税收可以少交，这个套路我们旅游企业都知道。但是总体算起账来也是自己所剩不多。当然我在问肖总你们两个包括携程、同程都投了你们，我认为很好，给你们带来充分的流量，如果要说成功的话，可能第五个成功之处就在这里。因此我在这里向大家泼冷水，重投入一定要慎重、慎重、再慎重。因为政府投资旅游的积极性非常高，如果有可能向政府争取一点政策和支持，那会有最好的投资回报。谢谢大家！

付磊（主持人）：陈总是精于算账的人，投资是个体化的行为，算好账是前提。前几年旅游的重型投资特别是像度假区的投资，是伴生性的，如跟房地产伴生、跟产业园区伴生，形成了很多盘子很大的度假区。在项目可研的时候就瞄准了要提升过夜率，财务模型测算的时候都是人均停留五天四晚，人均花费七八千元甚至上万元，所以自然要建设很多的消费性项目。

陈妙林：我插一句，云上草原的项目带给社会的收益是非常大的，给农民致富带来很多收益，社会效益非常好。所以在社会效益越好的情况下越要多向政府争取一些政策，谢谢！

付磊（主持人）：它有很强的溢出效益。如果把余村也算上，云上草原的规模是很大的。我们绝大多数的旅游度假区在规划建设时跟现在的财务条件是完全不同的，市场环境也是完全不同的。现在面临不小的困难，但大家又希望有一个好的过渡期或者能够发挥功能。对于这种重资产的度假区，在新的市场形势下，请教肖总，对于他们有什么建议？关门肯定不是最好的选择。

肖潜辉：我先给陈总刚才讲的观点做一点补充。云上草原后面二期的龙王山就是以他们当地政府的投入为主了，云上草原就变轻了，大概投入 30%，所以这个负担一下子就下来了，刚才陈总所讲的，第一期做到位，有经济效益、有社会效益，政府可能就跟来了。而且市场也会跟，同程、春秋也投了云上草原，完全赞同刚才陈总所讲的意思，我回答一下主持人这个问题。

我认为现在市场是比较疲软的，消费是比较下行的，企业对市场的感知和宏观的统计数据是有很大的出入的。肯定不能说企业感觉不对，是我们先天有问题，我们的感知系统错误，肯定不能这样讲。但是也不能说政府的数字就不对。比如说连携程都统计进去了，携程三个季度可以做到 100 亿元的利润，当然这个数据就不一样了。这种情况下，我们这些度假区怎么办，现金流还是可以的，但是收益、营收利润都在往下走，我看全国上市公司的数据也都不太乐观。

度假区实际上现在都在功能复合化或者说增加除了主功能以外的功能。比如，观光景区在做度假，度假在发展观光、体育赛事户外，甚至是康养都在做。现在企业和政府的压力非常大，亏得很厉害。如果请我们陈总去可能情况就不一定了。我们可以看西昌建昌古城的效果就非常好。现在景区越来越分不清楚是观光景区还是度假景区，但是相互之间在融合综合化、目的地化，这是确实。这里面最重要的是要持续地提升你的产品力，这是问题的核心。现在实际上并不是说我们市场疲软，所有的景区都是同步下降的，不是的，依然有盈利比较好的。所以也有一句话叫没有疲软的市场，只有疲软的产品，我是比较赞同这句话的，就算你比较困难，但是提升产品力是一定不能松懈的。因为现在我们的消费者都是冲产品去的，甚至在你的产品上要能得到极致体验，对产品越来越苛求，我们中国的旅游者，我认为是全世界最苛刻的旅游者，因为他们有太多的变化。就像唐山宴讲的，“唯一不变的就是一直在变”，我们消费者对旅游经营者的要求越来越高。我这里想简单地举一个长隆的例子，没有上市，也不做地产，就是做长隆的景区项目，非常成功。我也私下请教过苏总，他说他全部的注意力就是在产品上，我们好几位演讲嘉宾都自称是产品经理型的掌门人，我认为这真的是道出我们最大的秘诀，这也是长隆的经验。你不太好说它到底有多大的创新，更多的可能是微创新。云上草原在产品上也是微创新，你说哪个是原创的也比较难。但是你要不断地提升，只要抓住了这个，我们还是有渡过这样的难关的机会。

付磊（主持人）：谢谢肖总！其实无锡君来太湖饭店的茶歇就是这种性质。茶歇本身可能不会直接带来营收，但酒店有了这样新的服务形式，客房入住率就上去了。一个小的投入可以撬动一个大的投资回报。

肖潜辉：我相信通过中国旅游协会这个会议平台的传播，一定会有游客为了无锡君来太湖饭店的茶歇而去选择住两天的，我相信一定有。因为我也拍了照片，发给我上海的同学，有人表示要去体验。他们说这像英式下午茶，极致体验，我很看好这一点。

付磊（主持人）：您说得对，这代表了中国茶文化在酒店业的应用。我们知道各地政府对旅游的诉求很多，旅游就是拉动投资和消费的引擎。我们也发现这两年各地政府在吸引投资特别是旅游投资方面，政策工具基本上没有了。原来是肥肉搭瘦肉，有配套房地产用地或者税收优惠、先征后返等充足的工具和弹药，但这两年都剩骨头了。希望多产牛奶但没有草喂，所以这两年各地的招商会有些尴尬，推介的前景非常好，但跟风的寥寥无几。一方面，政府非常饥渴，希望有项目进入来解决一些民生问题，但市场风险很大。另一方面，旅游企业也在寻找机会，毕竟如果没有投资的话很难做大做强。请教下树民总，怎么弥补这个落差？

张树民：据我个人的观察，的确形势在变，整个旅游业都在转型，地方财政也在发生很大变化。某种程度上这个落差是存在的，而且在某些地方这个落差还相对明显。但是，我个人的观点一言以蔽之：它是暂时的。为什么我有这个观点呢？

借着刚才两位嘉宾谈到的“轻和重”的话题，我想先说说我对投资量、竞争力两个方面的认识，这一直是政府招商引资和企业投资项目的一个重要核心问题。先说投资量，不是说投大项目就好、小项目就不好，或者非要把“轻和重”作为衡量项目的一个重要标准。刚两位老师都对云上草原项目进行了点评，提到是由轻资产的旅行社企业投资重资产建设山岳旅游景区的典范，这点我也很认同。但我想从另外一个角度说，评价项目好坏，不单单看“重和轻”。从企业的视角，我可以把自己的思考总结成两句话，和大家分享。第一句：“投资如不重，肯定会生病。”为什么？现在旅游本地资源，都掌握在地方政府手里，政府招商引资，肯定希望你投资，前期轻资产进入也行，但将来肯定还是会希望你投重资的。对值得的项目，企业如果不做一些重投，压不住整个项目的可持续发展。第二句：“项目不敢轻，肯定没拎清。”这和第一句，并不矛盾。企业敢进行轻资产输出，这肯定是已经有了不少案例，已经积累起了相当的研判能力和运营经验，已经有了能做好同类事情的底气。有了这种底气，如果有重资产科学搭配的可能性，肯定会做出好项目。所以，不是轻和重的问题，是有没有真正的能力把事情做好的问题。

回过头我们再来分析：地方政府为什么会有这种招商的情况？其实，也很好理解。我认为地方政府招商，无外乎三个诉求：第一个诉求，肯定是投资量诉求。我们各地政府总体是发展指标竞争型的政府，每年的引资量是重要指标；再加上一些地方财政是“吃饭财政”“过日子财政”，发展还是需要外来的企业来投资；企业又专业，又带着钱来，我只给你优惠政策，你就能把项目搞好，这是政府引资初衷。第二个诉求，是影响力诉求。为什么地方政府会找有案例、有品牌的企业来合作，首先就是在看企业自身的影响力，然后再想能引入这件事本身也可以做出影响力，更重要的是如果好项目最终呈现出来就更能提高当地影响力。第三个诉求，是审美偏好诉求。为什么有时候请这家来而不请那家来呢？肯定也是有当地政府偏好诉求的。这三个层级都会有，但我认为政府排第一的应该是投资量，这无可厚非。但现在，政府领导也都越来越凸显格局，最初从谈轻资产合作切入也都成了可能。

从企业的角度来说，为什么说现在这个状况是暂时的呢？经过疫情，从整个横切面看，现在旅游业所发生的快速变化，是从“投资为王”到“内容为王”，从“建设为王”到“创新为王”。魏老师说，中国旅游业已经进入了下半场。旅游企业现在都是先适应变化。一边是针对过去情况先保生存保业绩，一边是面对未来发展同时练能力。这是个提升的过程，也肯定会有个提升的阶梯，等能力练成、能够在新情况中游刃有余之后，企业与招商引资相匹配的精准投资就成为趋势了，政府和企业也会从现在的衔接点转变形成新的契合面了。

我们现在也在洽谈一些优质资源项目，总体感觉现在地方政府越来越开明了。视野已经放得比较大，想投新项目的诉求当然有，但更多的基本诉求是盘活项目。只要企业有好品牌、好眼光、好研判、好方案，能够精准盘活存量项目，政府不一定还像以前那样要求必须有巨大的投资量。所以，最终政府和企业的结合点，终究会归于是否“真正有能力”的结合点。刚问道，怎么解决这个落差，主要还是要靠时间，在知道是“暂时的”的基础上，企业的能力要提升，地方的观念也要继续转变，大家都变化，自然就解决了。当然，这个时间段，越短越好。

付磊（主持人）：谢谢树民总！旅游投资是一个大话题。“中国服务”推荐的都是成功的案例。成功案例其实不是抓住了别人抓不住的机遇，而是避开了别人避不开的坑，所以做成了。建议明年“中国服务”推荐一些“不推荐”案例，让大家知道有哪些坑需要躲。无论大投资还是小投资，希望所有投资都能赚到钱。谢谢各位！

专家点评：陈向宏

很荣幸能接受这个任务，点评由中国旅游协会推介的两个优秀旅游产品创意案例，前期我也参与了案例推荐的讨论。首先这两个案例（“无锡君来太湖饭店沉浸式体验茶歇”“云上草原国际山地旅游度假区”）代表了旅游创新理念最重要的本质即如何避免同质化，两个案例从不同的路径为中国旅游现阶段的产品投资和产品结构的调整进行了探索。

一、对“无锡君来太湖饭店沉浸式体验茶歇”案例的点评

这是一个沉浸式场景打造的茶歇产品，它不是发生在景区里，而是发生在酒店内，这引发了我们对传统产品如何创新、如何迭代

的思考。在疫情期间，乌镇也做过一个类似的产品——早茶客，景区出台了一个产品政策，入住乌镇景区酒店的客人，只需提前预约，就可以在特定的水上市场上体验有烟火气氛围美感的早餐，现在很多客人为了体验早茶客而选择入住景区酒店。

无锡君来太湖饭店很聪明，旅游景区内做酒店，不建议做标准的星级酒店，而建议做主题酒店，酒店要有一个能打动住客的核心内容，它可能是餐饮、可能是景观、可能是历史价值展示，也可能是设计感和美感等。传统酒店是通过 OTA 渠道进行收客，最大的收入是客房收入和餐饮收入，一些酒店也会有 SPA 收入、旅游纪念品收入等。无锡君来太湖饭店的茶歇产品，其实是运用生活美学、在地文化，在酒店内塑造了一个在住宿和餐饮之外的不同的功能，这成为在细分市场下、在同类型酒店里出圈的引擎，所以其核心是通过功能创新、产品迭代，完成了酒店的变量。在今天此案例的分享过程中，特别希望能够看到无锡君来太湖饭店的一系列很清晰的数据对比，即酒店做此茶歇产品前后，其客房入住率、餐饮平均消费、入住客人单位消费、复住客人比例等分别是多少。相信酒店不会在意茶歇产品本身能带来的利润，而是在意其带来的客房入住率的提升，这是问题的核心。

通过无锡君来太湖饭店案例的启发，我们需要重视两点：

第一，如何认识用户？疫情后旅游市场最大的变化就是市场在不断地细分，以前“一招鲜，吃遍天”的好日子已结束。用户分为三类：一是大众用户，很多快捷酒店可以满足这类用户的需求。二是核心用户，其在大众用户之上，简言之就是中产阶层，具有一定的消费能力，但是对产品的选择较为苛刻，我一直很关心亚朵酒店，在所有的快捷酒店中，其设计感、产品迭代做得很好。三是天使用户，这是旅游行业中最有价值的用户，也是可能会多次来消费的用户。目前符合这类用户的有两类族群：第一类是“Z 世代”“10 后”（包括亲子用户），经济下行的大环境并未波及其消费习惯，这部分族群大部分有父母的经济支撑，且其消费观念与其他族群传统的存钱买房观念不同，这类族群基本集中在长三角、珠三角，消费力较强。第二类是“60 后”“70 后”退休的银发族群，不同于 70 岁、80 岁的旅游门票免费族群，“60 后”“70 后”的银发族群比较有钱且有闲。所以现在做酒店和景区，首先要清楚了解产品的目标客群，了解客群的细分市场，并分析其爱好、偏向与需求，再来迎合、制造惊喜、关怀与深度体验。无锡君来太湖饭店的多场景茶歇产品做到了这一点，比较可贵，但也要关心成本，茶歇产品不仅要打造有美感的场景，不断地出新、不断地给人以更高级的体验感，还要考虑成本的控制，这也是考验经营者的重要方面。

第二，如何分析并迎合产品需求？旅游现在最难的一是让游客复游，二是让游客消费，这是现在所有旅游人都必须面对的问题。我现在也很矛盾，一方面不得不臣服于一个伟大的流量时代，另一方面大家一天到晚讲免费游、特种兵游，如何创收？正如刚才肖潜辉老师所说，中国的游客可能是世界上最挑剔的游客，消费购物要和网上比，用餐、预订也要各种比较，不同的用户对同一产品的需求不同，相同的用户对不同产品的需求也不同，现在用户的需求变化太快。我们顶度集团旗下一个项目的某酒店有几个客房空间特别大，长约 16 米，当时创新设计了三标房、四标房，结果发现这几间客房的入住率最高，因为符合现在用户强调的性价比需求。

无锡君来太湖饭店的茶歇本质上是一种内容的赋能，现在是内容为王的时代，但是讲内容，不能忘记两个关键词，即“场景”“情绪”。内容为王，首先内容要变成产品，内容要落在场景里，关键还要有消费。现在很多地方政府喜欢打造上百亩油菜田的项目，每年补贴农民种植，为游客提供拍照场景，但有场景没消费。从投资者角度出发，有场景有消费，这非常重要。我在不同场合一直分享说，“最高级的消费是情绪价值消费”。什么是情绪价值？很简单，做旅游要牢记一句话，要时刻与游客共心共情，要与游客的情绪同频。好的产品会让用户在买单后主动在社交媒体上传达。今天会议的茶歇期间，很多参会嘉宾都在拍照，拍照是为了什么？是为了发朋友圈、抖音、小红书、微博等，这就是一次推广，这就带动了情绪。无锡君来太湖饭店的茶歇产品把峰值体验落到了实处，今天会场的茶歇布置了很多银杏落叶，大家在室内就能亲近到自然，在秋风瑟瑟的落叶中，通过围炉煮茶的方式让人感受到内敛的温暖，创造了喝茶的极致体验。

总之，无锡君来太湖饭店的沉浸式茶歇是强功能的产品，这是我们做酒店、做景区需要学习并在实际的实践中加以创造的。

二、对“云上草原国际山地旅游度假区”案例的点评

云上草原最大的成功是从内容开发上赢得了流量。目前的旅游

开发习惯用是否能成为网红来作为标准，很多的旅游推广也是采用网红的方式，这存在两个问题：一是成为网红后能否成为爆款？山东淄博的烧烤成了爆款。成为爆款后能否带来流量？山东淄博烧烤既有爆款，又有流量。二是能否把这杆红旗扛到底，能否保持持续的流量并带来持续的收入？这是很重要且绕不开的问题。现在的旅游行业处于高质量发展的转折期，最大的问题是同质化，我们顶度集团旗下的盐官潮乐之城在游客服务中心外做了一面潮墙，其视频点击量约有 3.2 亿次，很快就有同行在咨询中间商关于潮墙的全套图纸与落地时间，这种模仿引发的最大的问题是会带来同质化，会降低盈利水平，永远只能赚取行业的平均利润。

云上草原很清楚自身要什么，吸引什么族群。其主要抓住了青年族群，对青年族群的生活方式、度假方式加以延伸，打造了悬崖心跳乐园、高山草原项目、熊猫部落探险乐园等产品，难能可贵的是摒弃了依赖传统资源的途径。我一直反对做农家乐、做花海、做小火车等最常见的打造手法。云上草原很聪明，做的项目能平衡淡旺季，这在规划设计上是一个了不起的成果，通过用户思维，打造亲子族群、青年族群的产品，依赖的是消费途径，而非资源途径。

通过云上草原案例的启发，我们需要思考三点：

第一，通过云上草原看清网红时代的爆品出圈逻辑是什么。以前讲产品，现在讲爆品，最重要的是讲竞品，即在一堆的产品中鹤立鸡群，云上草原就是竞品。资源不等于产品，产品不等于爆品，爆品也不等于竞品，云上草原的开发者把三者的关系想透了。

第二，我们要认识到在目前消费快速迭代的情况下，流量集聚的方法与重点。云上草原的产品有很多创新，非常重要的一点是有流量，人气非常旺，现在的旅游是从众的，一个地方旺了以后很多游客就会跟随。最近我们集团的宜兴窑湖小镇项目在讨论项目的小火车产品如何运营，小火车什么时候最美？是在竹林绿海中穿行而过，无人机俯拍时最美，我们承认小火车就是一个流量引擎，其不以赚钱为第一目的，只要能吸引足够多的目光来为景区引流即可。

第三，我们要认识到在移动端风行的情况下，如何出圈。尚不清楚云上草原通过何种方式出圈：是否和携程等 OTA 渠道进行了合作。流量很重要，目前中国旅游行业谁最赚钱？我们辛辛苦苦做产品的不赚钱，OTA 渠道最赚钱，如何改变？我们投入最多的没有定价权和主导权，这是什么原因？最主要的是我们不是独一无二的。

所以，这两个案例带给我们的启发是要重新认识在旅游产品、旅游建设中，不一样的优秀基因的分量。中国旅游行业很卷，唯一破题的方法就是创新。

刚才讨论的话题是“旅游大投资和小投资的盈利模式”，投资要讲回报，但是如果旅游投资不从系统的观点出发，只从何时能回报的观点出发是做不好的，旅游投资要讲长期主义。我们顶度集团旗下现在有 13 个项目，贵州乌江寨项目投资最少，但也有约 50 亿元，我们时时刻刻都保持如履薄冰的心态，也在思考如何产生回报。个人认为旅游的大投资、小投资都一样，从某种程度上来看，旅游小投资的危险来得更快，旅游小投资产品很难做，大投资产品反而有腾挪的空间，最根本的是要做细分市场下的不一样的产品，这是旅游投资的重要方面。另外，不能急功近利，要与政府互动，要摸清政府的需求，在中国做各类旅游投资都离不开政府，政府可能希望今天播下种子，明天就能开花结出硕大的果实，这方面要保持充分的理性，做旅游产品和打夯土墙一样，要扎实地一层覆盖一层。没有大的投资，中国旅游就没有明天，我们不能一天到晚只做小的产品。

最后，给云上草原提一些个人看法与建议。第一，云上草原目前有三种门票，其本质是一个主题乐园模式的产品，门票收入是流量的第一道收获。第二，如何在流量的基础上再迭代？未来不能单靠引流量，还要依靠单位消费来获取第二桶金。云上草原强调不做住宿产品，但是过夜客人（第二天再入园的客人）肯定比一日游客人更重要且更持久。云上草原的迭代周期比人文类景区的迭代周期更紧迫，每隔一段时间就要更换游玩项目内容，成本很高。在这种情况下，云上草原除了一刀收割门票的做法外，更应该依靠餐饮消费、二次独创和周边衍生品消费来增加产品的厚度。云上草原的第一阶段非常成功，但更大的考验在第二阶段、第三阶段，如何在十年后、二十年后依然保持产品的核心竞争力，我们拭目以待。

陈向宏

中国旅游协会副会长

顶度集团有限公司董事长

乌镇旅游创始人

策划统筹：王　从
责任编辑：张　旭
责任印制：钱　宬
封面设计：中文天地
封面供图：视觉中国

图书在版编目（CIP）数据

中国服务，旅游产品创意案例．第六季 / 中国旅游协会编著．-- 北京：中国旅游出版社，2025. 9.
ISBN 978-7-5032-7593-7
Ⅰ．F592.6
中国国家版本馆 CIP 数据核字第 20255JF833 号

书　　名：中国服务，旅游产品创意案例（第六季）

作　　者：中国旅游协会　编著
出版发行：中国旅游出版社
（北京静安东里 6 号　邮编：100028）
https://www.cttp.net.cn　E-mail: cttp@mct.gov.cn
营销中心电话：010-57377103，010-57377106
排　　版：北京中文天地文化艺术有限公司
印　　刷：北京工商事务印刷有限公司
版　　次：2025 年 9 月第 1 版　2025 年 9 月第 1 次印刷
开　　本：710 毫米 ×1000 毫米 1/16
印　　张：12.5
字　　数：130 千
定　　价：56.00 元
I S B N　978-7-5032-7593-7
